検証！ 古代史「十大遺跡」の謎

三内丸山、荒神谷、纒向、平城京……

関 裕二

PHP文庫

○本表紙図柄＝ロゼッタ・ストーン（大英博物館蔵）
○本表紙デザイン＋紋章＝上田晃郷

はじめに

かつて、縄文人の築き上げた文化、文明を礼讃《らいさん》すれば、変人扱いされたものだ。

「縄文人は卓越した文明を築き上げていた」

「現代人にも縄文文化は息づいている」

「縄文時代の日本を見直すべきだ。縄文文明は、世界の先端を走っていた」

「いやいや、縄文時代を経てきたことに日本人は誇りを持つべきだ」

こんな「妄言《もうげん》」を声高に叫べば、「夜郎自大《やろうじだい》」と揶揄《やゆ》された（「縄文右翼!!」と、個人的に批難されもした。嘘のような本当の話だ）。

日本の夜明けは、弥生時代に到来したという常識が、まかり通っていたのだ。渡来系の文化が流入して、西から東に伝わり、ようやく日本列島は、新たな一歩を踏み出した（まるで明治維新《いしん》のように!!）と信じられていたのである。

ところが、縄文時代に対する海外の評価が高まってきて、ようやく日本人自身が、「日本人の原点」のすばらしさに気づきはじめているのである。

縄文時代の何が評価されているのかといえば、簡単なことだ。世界の文明は、農耕を選択したあとに発展した。ところが日本列島では、長い間本格的な農耕は選択されなかった。狩猟採集《しゅりょうさいしゅう》を生業《なりわい》の基本としてきたのだ。世界の物差しから見れば、これは文明誕生の一歩手前の原始時代だった。縄文時代の日本は、農耕の導入に手間取った後進的な地域と、みな信じていたのだ。それが世界の常識だったからでもある。

ところが、不思議なことに、縄文人たちは「農耕を選択した人びと」と同じような、豊かな生活をつづけていたことがはっきりとわかってきたのだ。しかも、季節ごとに循環する自然の恵みを上手に使いこなし、縄張りを守り、戦争のない、永続可能な社会を構築していたのである。

じつはここに、「人類共通の課題」が秘められていたとしか思えない。縄文人が、数千年の年月を経て、われわれに問い掛けている重たい問題なのである。

縄文人は「農耕を選択するかどうか悩み抜いた人たち」でもある。

人類が戦争をはじめたのは、農耕を知ったからとする説がある（『農業は人類の原罪である　進化論の現在』コリン・タッジ　竹内久美子訳　新潮社）。農業をはじめると、必要以上の食料が定期的に手に入る。人口爆発が起こり、新たな水利と農地が必要となり、近隣と争いが始まる……。すなわち、狩猟採集から農耕への移り変わりこそ、人類史の分岐点だったわけで、農業を選択したことによって、人類は破滅、滅亡へのカウントダウンをはじめたわけだ。だから、「最後まで農耕の受け入れにためらい逆らった縄文人」の苦悩を、われわれは真摯《しんし》に受けとめなければならない。大袈裟《おおげさ》に言えば、縄文人には農業が「禁断の果実」だということがわかっていて、農業をはじめた隣人が人口爆発を起こして戦争をはじめた事態をみて、人類滅亡に至る予感に打ち震えていたのではあるまいか。

縄文から弥生へとつづく歴史の流れは、これから注目されていくだろう。

また、DNAの研究が日進月歩の勢いで発展し、日本人のルーツもはっきりとしてきた。その結果、日本人は東アジアの中でも特殊な位置に立っていることが明らかになった。日本人の特徴を一言で表すとそれは「多様性」であり、日本列島は「人種の坩堝《るつぼ》」といっても過言ではなかったのだ。ただその一方で、縄文人の遺伝子が、日本人の形成に大きな役割を担っていたこともはっきりとしてきたのである。

この「日本人のルーツ探し」からわかってきたことは、日本人がホモサピエンス

（新人）の誕生以後、楽園を追い出され、お人好しだからこそ、さらに追われ、極東の地まで落ち延びてきた人びとだったことだ（拙著『なぜ日本と朝鮮半島は仲が悪いのか』ＰＨＰ研究所）。そして、たまたま、行き着いた先が、「狩猟民族にとっての楽園」だったのだ。ここに、御先祖様の「僥倖《ぎょうこう》」があった。

日本人を知る手がかりは、考古学が握っている。縄文時代から現代につづく日本人の営みは、考古学によって解明されつつある。

そして、「神道＝日本人の信仰」も、考古学が明らかにしてくれる。日本人は神を恐れ敬いつづけたのだ。それはなぜかといえば、神は大自然そのもので、神が怒り暴れれば（天変地異や疫病の蔓延《まんえん》）、人間は無力だという諦観《ていかん》があるからだ。逆に、「神の子＝人間に地球を改造する権利がある」と主張する一神教の傲慢《ごうまん》を押し止めるためにも、日本的発想が求められているのだと思う。

そして、これらの「日本人の正体」を知るための近道は、考古学を通じて日本の歴史を再検証することだ。

本書がこれまでの常識に縛《しば》られずに、あらたな古代史像を構築し、日本人がこれからいかに生きていけばよいのか、その指標になれば幸いである。

検証！　古代史「十大遺跡」の謎

目次

第二章　板付遺跡――北部九州の遺跡群と日本人の原型

第三章　荒神谷遺跡――青銅器と四隅突出型墳丘墓の謎

第四章　吉野ヶ里遺跡――伊勢遺跡／唐古・鍵遺跡との弥生三都物語

第五章　纏向遺跡――ヤマト建国時の他国との攻防

第六章　鬼ノ城――楯築弥生墳丘墓と吉備の実力

第七章　箸墓古墳——前方後方墳から巨大前方後円墳の時代へ

第八章　稲荷山古墳——群馬県の古墳群と東国の実像

第九章　藤ノ木古墳――被葬者の謎と物部・蘇我抗争

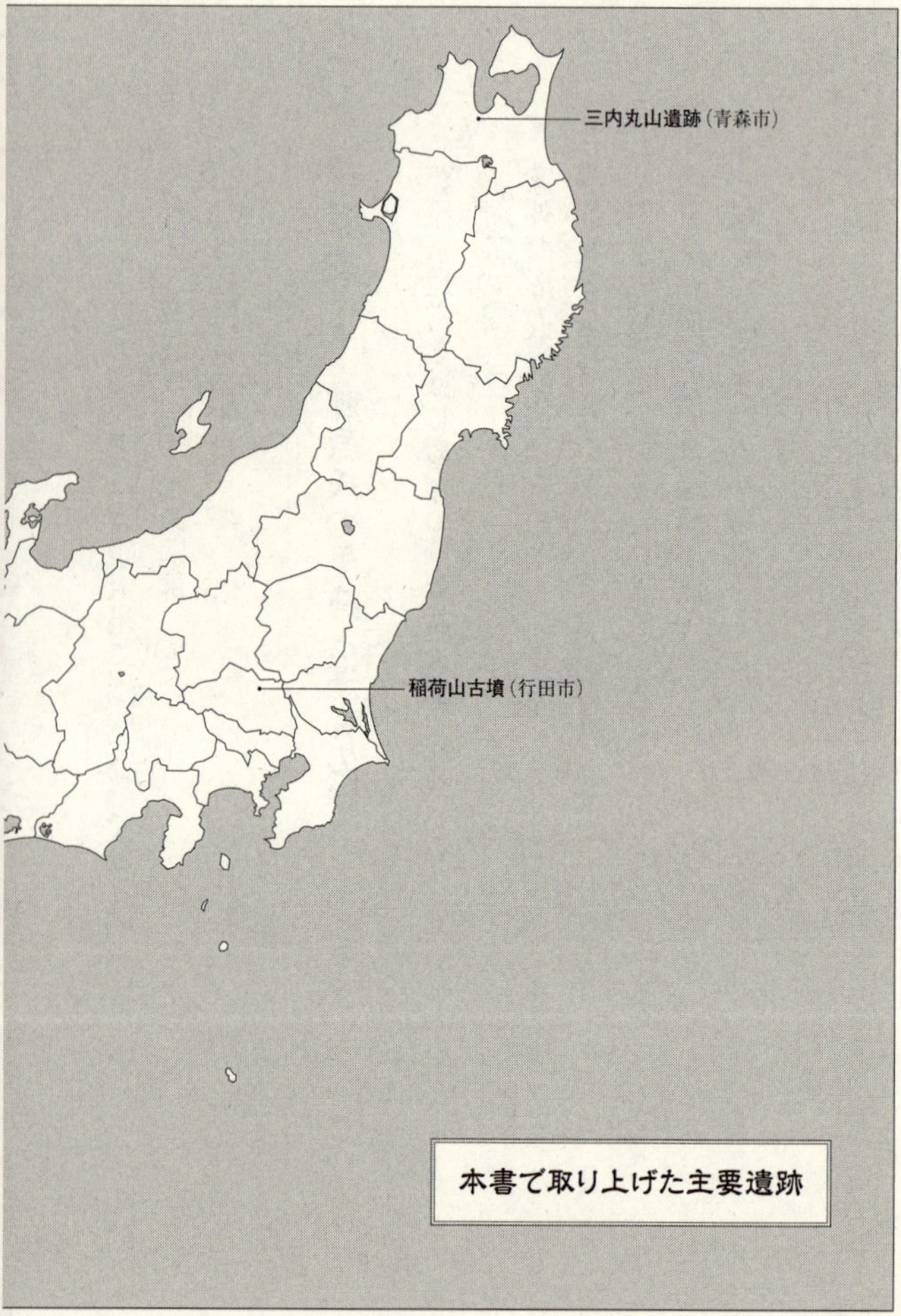
三内丸山遺跡（青森市）
稲荷山古墳（行田市）
本書で取り上げた主要遺跡

鬼ノ城（総社市）
楯築弥生墳丘墓（楯築遺跡・倉敷市）
荒神谷遺跡（出雲市）
加茂岩倉遺跡（出雲市）
伊勢遺跡（守山市）
平城京跡（奈良市）畝傍
藤ノ木古墳（斑鳩町）
板付遺跡（福岡市博多区）
吉野ヶ里遺跡（吉野ヶ里町）
唐古・鍵遺跡（田原本町）
纒向遺跡（桜井市）
箸墓古墳（桜井市）
藤原京跡（橿原市）

編集協力：三猿舎
本文写真：関 裕二
三猿舎

第一章　三内丸山遺跡——縄文人の秘密に迫る

見直されつつある縄文時代

かつて縄文人と言えば、定住することなく獲物や食料を求めて放浪する原始的な生活を送った人びとと信じられていた。世界を見渡しても、「文明はかならず農耕と定住とともに始まっていた」からだ。『日本書紀《にほんしょき》』が意図的に東北を見下していたことも、歴史をみる目を狂わす原因となっていたと思う。

『日本書紀』景行《けいこう》四十年七月条に、次の記述がある。

東国に盤踞《ばんきよ》する人びとの性格は凶暴で、人を辱《はずかし》めることを平気でやる。各々境界を侵《おか》しあっては物を盗む。山には邪神《あしきかみ》がいる。蝦夷《えみし》は手強く、男女、親子の区別もなく、冬は穴に寝て、夏は木に棲《す》む。毛皮を着て動物の血を飲み、兄弟同士で疑いあう。恩を受けても忘れるが、恨みは必ず報いる。昔から一度も王化《おうか》に従ったためしがない。

明らかに、蔑視《べっし》し、誇張《こちょう》し、悪《あ》し様《ざま》に描いている。なぜ東国や東北の蝦夷をここまでこき下ろしたのかと言えば、『日本書紀』編纂《へんさん》時の権力者・藤原不比等《ふじわらのふひと》の政敵が東国とつながっていたからだ（拙著『蘇我《そが》氏の正体』新潮文庫）。

このような記述もあったから、つい東国は「遅れた地域」と思われがちだったし、東国に多かった縄文人は野蛮人と考えられていたのだ。

三内丸山遺跡

ところが、三内丸山《さんないまるやま》遺跡（青森県青森市）が発掘されて、これまでの常識は覆《くつがえ》されたのである。

三内丸山遺跡は縄文時代前期中葉《ちゅうよう》から中期末葉《まつよう》にかけて（今から約五千五百～四千年前）繁栄した遺跡だ。約千五百年の間、人びとが住みつづけた。縄文時代中期初頭に集落の規模は拡大し、中期中頃に最大規模となった。

縄文一万年の中の千五百年と聞かされても「それほどのこともない」と思ってしまうが、

今から千五百年時間をさかのぼると、六世紀初頭になる。応神《おうじん》天皇五世の孫・継体《けいたい》天皇が越《こし》（北陸）からヤマトに乗り込んだ頃で、聖徳太子《しょうとくたいし》など、まだ生まれてもいなかった。そう考えれば、三内丸山遺跡の「気の遠くなるほどの長い時間」に驚かされる。

姿を現した縄文集落

三内丸山遺跡発掘のきっかけは、平成四年（一九九二）に、県総合運動公園拡張事業の一環として、青森県が野球場の建設を計画したことだ。試掘のための溝（トレンチ）を入れると、厚さ二メートル以上の遺物包含層《ほうがんそう》が出現し、長い年月にまたがった、ただならぬ遺跡であることがわかった。

この一帯から、遺物がゴロゴロと出てくることは、相当古い時代から知られていた。江戸時代前半に記された津軽《つがる》家家臣の日記『永禄日記《えいろくにっき》』には、

「土器や人形《ひとがた》（土偶《どぐう》）が出てくる」

と記録されている（一部は後世の加筆らしいが）。

三内丸山遺跡全景（青森県教育庁文化財保護課提供）

江戸時代後期の紀行家・菅江真澄《すがえますみ》はこの地を訪れ、古い瓦《かわら》や甕《かめ》の壊れたもの、仮面が出てくるといい、土器や土偶のスケッチを記録している（『栖家乃山《すみかのやま》』）。この中で菅江真澄は土偶を埴輪《はにわ》とにらみ、垂仁《すいにん》天皇紀の埴輪にまつわる記事を載せている。

大正十年（一九二一）と昭和三年（一九二八）には、三内丸山や周辺で石器が見つかっている。昭和二十四年（一九四九）には、貝塚も出土し、昭和二十八年（一九五三）から、数次にわたって、学術的な発掘調査も始まっていた。

このため、一帯に縄文中期の遺跡が埋もれていたことまではわかっていた。しかし、日本中をあっと言わせる巨大遺跡が眠っていることは、だれも想像していなかったのである。

こうして野球場建設のために、広大な敷地を掘りはじめたわけだ。三塁側スタンド部分から発掘ははじまり、すぐに縄文時代前期末葉に、大型竪穴建物《たてあなたてもの》が存在していたことがわかった。ここから、三内丸山遺跡は、いよいよ、徐々に、正体を現していくのである。

驚くべきことに、三内丸山遺跡は、縄文時代、平安時代、中世から近世につながる複合遺跡だったことも判明している。そして何よりも、三内丸山遺跡はそれまでの縄文人に対する常識を根底から覆す遺跡であるということが明確になった。

平成六年（一九九四）七月十六日、地元の東奥日報《とうおうにっぽう》に、日本最大の縄文集落が発見されたと報じられ、ニュースはあっという間に全国に伝わっていった。すぐさま、青森県民は、「文化遺産の保護を」と声をあげ、北村知事（当時）も、遺跡の永久保存を決意したのだった。

三内丸山遺跡は何が画期的だったのか

三内丸山遺跡の、何が画期的だったのだろう。

調査責任者の岡田康博《おかだやすひろ》は、遺跡の特徴を三つのキーワードで表現している。「大きい」「長い」「多い」というのだ。その内容をまとめると、次のようになる（『縄文文化を掘る』NHK三内丸山プロジェクト・岡田康博編　NHKライブラリー）。

大きい……遺跡そのものが広く、集落が巨大。

遺跡の推定範囲は、約三十五ヘクタールで、東京ドーム七個分、最大級の縄文遺跡である。

また、住居、墓、倉庫、ゴミ捨て場が、長い間整然と規整され、計画的に配置されていた。

長い……遺跡が継続した時間が長い。

縄文時代前期から中期にかけての約千五百年継続していたことがわかった。世代交代をくり返しながら、定住し、集落のルールを作っていたのだ。

多い……出土遺物の量が、厖大《ぼうだい》だった。

縄文遺跡の宝庫・青森県全体の年間出土量は、多くても段ボール約千箱だが、三内丸山遺跡では、すでに四万箱出土した。四十年分の遺物が、ひとつの遺跡から出現したのだ。しかも、どれも一級品である。


具体的な遺跡の様子は、このあと見ていくが、もっとも目立つのは、なんといっても復元された「大型掘立柱《ほったてばしら》建物」だろう。六本柱のタワーである。

巨大木柱は平成六年（一九九四）七月に見つかっている。直径一・五から二・二メートル、深さ一・四〜二メートルの柱穴《はしらあな》の底に直径約一メートルのクリ（栗）の木柱が地下水に浸《つ》かった状態で出現したのだ。しかも柱穴は等間隔（四・二メートル）に三個が二列、計六個見つかった。

木柱の土壌《どじょう》を分析した結果、木柱を固定するために、粘土《ねんど》と砂で造られた土砂を入れて突き固めた可能性が高く、また一平方メートルあたり十六トンの荷重がかかっていたことがわかり、高さ約十七メートルの柱が立っていた可能性が指摘された。

三内丸山遺跡に復元された大型掘立柱建物（青森県教育庁文化財保護課提供）

木柱はすべて内側に傾いていたことから、諏訪《すわ》の御柱やトーテムポールのように、それぞれが独立した木柱ではなく、六本が構造物（高床《たかゆか》建物）を形成していた疑いが出て来た。縄文時代のこの遺跡は、海に近かったため、物見櫓《ものみやぐら》か灯台、神殿、祭祀《さいし》施設の役目を負っていたのではないかと考えられている。

復元されたタワーは、高さ十四・七メートルで、三内丸山遺跡のシンボルとして屹立《きつりつ》しているのである。

この大型掘立柱建物跡のすぐ隣に、楕円《だえん》形の大型住居も復元された。長さは三十二メートル、幅九・八メートルと、こちらも大きな建物だ。

厳冬期の作業場、集会所と推理はいくつも出されているが、はっきりとした用途はわかっていない。

ところで、意外な縄文時代の規格性も明らかになってきた。縄文晩期の新潟県糸《いと》魚川《いがわ》市の寺地《てらち》遺跡の巨木遺構《いこう》の四本柱の間隔が一・四メートルで、三内丸山遺跡の木柱遺構の間隔は「一・四メートルの倍数（四・二メートル）」だったことから、「縄文尺」が存在したのではないかと考えられるようになった。住居跡などからわかったことは、一・四メートルの四分の一の三十五センチが単位になっていたとわかった。

さらに、大型掘立柱建物の主軸は北東～南西となっていた。冬至《とうじ》の太陽が、ちょうど木柱の間を通って沈んでいくのではないかと推理されてもいるが、実際には木柱の間を通過するにすぎず、この現象だけでは、大きな意味は見出せそうにない。また縄文時代と現代では、地軸が傾いてしまっているため、日の出の位置は同じではないと岡田康博は注意を促している（『三内丸山遺跡』同成社）。

縄文人はクリを栽培《さいばい》していた

縄文人の食生活の様子がわかってきたのも、大きな収穫だった。

まず三内丸山遺跡から、五千年前のクリの実が発見されているが、これは栽培されていたようだ。

遺跡周辺の野生のクリの木の葉のDNAを採取し、パターンを観察し、三内丸山遺跡から出土したクリの実と比較した結果、DNAレベルで差が見つかったのだ。長期間栽培した植物は、特定のDNAのパターン（バンドパターン）が揃《そろ》ってくる。

五千年前のクリは、野生なら多様でばらばらなはずのDNAのパターンが揃い、似ていたのだ。

縄文遺跡から、オオムギ、ヒエ属、アワ、ソバ、ダイズ、シソ、エゴマ、ヒョウタンなどの栽培植物が出土している。この中のいくつかは、栽培されていた可能性が高いのである。

クリのDNAを調べた佐藤洋一郎《さとうよういちろう》は、興味深い指摘をしている。縄文人はクリを栽培していた可能性は高いが、だからといって、われわれが考えるよりも、理に適《かな》ったやり方を知っていたのだ。

縄文のシステムが長期にわたって安定を保てる、いわゆる持続可能なシステムだということです。栽培行為は本来、生態を破壊する方向に作用すると考えられてきたわけです。(『縄文都市を掘る』岡田康博・NHK青森放送局編著　NHK出版)

それはなぜかというと、人間が定住すると、ゴミが出て病気が集団発生する。これは耕地も同じだという。人間が手を加えた瞬間、雑草や害虫、病気が増える。現代なら農薬を使うが、当時はなかった。これを縄文人は独自のやり方でコントロールしていたのだ。

佐藤洋一郎は、その方法はふたつあったのではないかと推理する。ひとつは多様性で、森の木を切り倒し草原にして、一面の栗林を作ったのではなく、「森と草原がパッチワークのように広がる複雑なシステム」があったというのだ。

もうひとつは、「森のシステムの積極的な利用」だという。森は水源であるとともに、抗菌《こうきん》作用や防虫効果もあったと言うのである。すなわち、森を守ることによって、森に守られる術《すべ》を、縄文人たちはもっていたのである。

縄文時代に「階層」があった

縄文時代、すでに「階層差《かいそうさ》」があったのではないかと疑われはじめている。三内丸山遺跡のような、「道路や巨大建造物」を備えた都市の存在が明らかになると、土木工事や共同作業をする上で、リーダーとなる人物がいてもおかしくはなかったと考えられるようになった。しかも、縄文時代は祭りや呪術《じゅじゅつ》によって支えられていたのだから、祭祀を主導する人物も現れただろう。

また、集団内で役割が異なり、階層の違いがあれば、埋葬《まいそう》にも差が出てくるだろうこと、実際にその違いは、明らかに存在していたことがわかってきた。

たとえば縄文人は穴を掘って土葬《どそう》していた（土坑墓《どこうぼ》）が、三内丸山遺跡では、四つの墓が見つかっている。

（1）集落の南北のそれぞれの集落の入口の道の両側に並んだ墓

（2）まとまって点在する乳幼児《にゅうようじ》甕棺《かめかん》

（3）集落西側奥まった丘の土坑墓群（一部配石《はいせき》をともなう）

（4）南西の道に沿って一列に並ぶ環状配石墓《かんじょうはいせきぼ》。斜面に並んでいる

まず、集落の入口に墓があったことは無視できない。死の世界は忌《い》むべきものではなく、むしろ「人びとを守る聖域」と捉えられていた節がある。また、大人と子供の墓域を区別したところに、何かしら（再生か）の「願い」「祈り」の気持ちが隠されているのかもしれない。

そして問題なのは、「配石墓」であり、その中でも環状配石墓は、三内丸山遺跡が周辺の集落をまとめてもっとも大きくなった縄文時代中期後半に現れている。そのため、権力者、リーダーの墓と目されているのだ。

リーダーの墓は、三内丸山遺跡だけの話ではない。北海道から東北地方、さらに関東、中部地方にかけて、土坑墓の中に、他の墓にはない副葬品《ふくそうひん》が埋納《まいのう》されている例がある。縄文時代、すでに階層の差は生まれ、世襲化していたこともあったようだ。縄文時代は平等な世界だと称えられていたこともあった。しかしこの常識も、もはや通用しない。

動物の世界にも序列があり、「個体どうしが競争することは、生物の本質」だという松木武彦《まつぎたけひこ》は、「ホモ・サピエンスの社会は、根本的には、時代を問わず不平等だ」といい、だから縄文社会も例外ではないと指摘する（『全集　日本の歴史一　列島創世記　旧石器・縄文・弥生・古墳時代』　小学館）。もっともなことだ。

とはいっても、これはあくまでも「階層」であって、後の首長や王《おう》のような「階級」は生まれていなかったとする説が根強い。呪術を司《つかさど》る者はいただろうが、集落の中に塀《へい》で囲ったりした特別な住居を専有することはなく、それぞれの作業には役割分担があった。そして、土坑墓一基ごとの規格には差がなく、突出した副葬品を埋葬した墓もなかったのである。

遠方にもたらされた黒曜石《こくようせき》

三内丸山遺跡は交易の「基地」の機能を備えた拠点《きよてん》集落だった。縄文時代の集落には、大規模な拠点集落と周辺集落が存在した。拠点集落は規模が大きいだけではなく、計画性を持ち継続的に使用される。生産活動に用いるための多様な道具や、物資の集積という特徴がある。さらに住居以外の施設が整えられていたのだ。食料貯蔵施設や集会場、集団墓地などが存在した。周辺の集落のみならず、遠方との交流もあったわけで、その痕跡《こんせき》が、次々と見つかっている。遠方からもたらされたものが、出土したのである。

三内丸山遺跡は縄文時代を代表する拠点集落であり、商都でもあった。ならば、縄文人たちは何を商品にしていたのだろう。

縄文時代の「交易品《こうえきひん》」でもっとも有名なのは、黒曜石だ。

黒曜石はマグマの噴出によって流紋岩《りゅうもんがん》が急速に冷えてできたガラス質の岩石で、叩いて割ると、鋭い刃物になる。いわゆる打製《だせい》石器で、旧石器時代を代表する利器《りき》だ。

火山列島の日本では、黒曜石が至る場所で採れた。今知られている原産地は七十ヶ所以上で、成分分析することで、どこからどこに運ばれたのかが判明する。

たとえば、神津島《こうづしま》の黒曜石が、すでに旧石器時代から黒潮《くろしお》を横切って本州島にもたらされていたことがわかっている。関東のみならず信州などの内陸部まで伝わった。縄文後期には、佐賀県腰岳《こしだけ》の黒曜石が八百キロの彼方、沖縄に運ばれていたこともわかっている。この場合も、幅百キロの黒潮を横切っていたことになる。

また種子島《たねがしま》には、糸魚川市周辺のヒスイ（硬玉《こうぎょく》）の大珠《だいじゅ》が運ばれていた。交易のための海の道は、すでに縄文時代に完成していたのだ。

同じころ、東北地方南部から新地式《しんちしき》土器（福島県新地《しんち》町出土）が南下し、福岡県まで到達している。また晩期には青森県の亀ヶ岡《かめがおか》式土器も南下し、新潟県から北陸に伝わり、影響を受けた土器が近畿地方に入っている。そしてこのルートをたどって、宮滝《みやたき》式土器（奈良県吉野町《よしのちょう》宮滝遺跡出土のものが標式《ひょうしき》土器）が、逆流している。

伊勢《いせ》には、中部、北陸、東北の土器が流れ込んでいる。

この時代、東から流れ込んだ文化は、瀬戸内海を西に、さらに九州島西海岸を南下し、南部九州まで伝わっている。

ちなみに、縄文後期以降、人口も西日本で増えていくが、寒冷化によって東から西に、人びとの移動もあったようだ。

大陸にも渡っていた縄文人

三内丸山遺跡の黒曜石は六百点を超えているが、十八ヶ所の産地からもたらされたこともわかっている。なぜ遠方から求めたのかというと、近辺の黒曜石は質的に劣っていたからだ。そのため、北海道や秋田県、新潟県の佐渡島《さどがしま》、長野県の霧ケ峰《きりがみね》などから、製品や剝片《はくへん》が持ち込まれたのである。

縄文時代は新石器時代で「磨製《ませい》石器」を造る時代でもある。なぜ磨製石器が重要なのかというと、磨き上げた斧（石斧《せきふ》）で木を伐採《ばっさい》することが可能になったからだ。

ちなみに、復元した石斧で、直径十センチのニセアカシアの立ち木を五分で倒すことができるという（『青森縄文王国』新潮社編　新潮社）。ただし日本の場合、「局部磨製石器」なら、すでに旧石器時代に登場している。

それはともかく、磨製石器の中で、「第二の道具（普通の生活には用いない祭りや呪術に用いる）」として珍重されたのが、ヒスイだった。

平成四年（一九九二）、三内丸山遺跡から、緒締《おじめ》型の丸いヒスイの大珠が三個出土した。三つ合わせた重さが一・一キロだから、想像を絶する大きさだ（最大のものはひとつで四百六十グラム）。蛍光《けいこう》X線分析法《えつくすせんぶんせきほう》によって、約六百キロ離れた新潟県糸魚川市の硬玉ヒスイとわかった。原石のまま持ち込まれ、加工されていた可能性が高いこともわかっている。

問題は、どうやって大きな原石を運んできたのかだが、陸づたいに手渡しで、ということではなさそうだ。というのも、糸魚川のヒスイは、北海道南部と東北北部の津軽海峡周辺で多く見つかり、日本海側の途中の地域には少なく小さいものが分布しているだけだ。したがって、日本海を丸木舟《まるきぶね》で往来して直接「交易」していたと考えられている。

大陸との交流もあったと思われる。

すでに昭和二年（一九二七）に喜田貞吉《きださだきち》によって、縄文時代の遺物に大陸からの影響が及んでいたと指摘されていた。内反《うちぞ》りの石刀《せきとう》、玦状耳飾《けつじょうみみかざり》、三足《さんそく》土器、玉斧《ぎょくふ》などだ。

戦後になると、東北地方の縄文遺跡から、殷代《いんだい》の青銅製刀子《とうす》、甲骨文字《こうこつもじ》風の記号があしらわれた有孔石斧《ゆうこうせきふ》、「鼎《かなえ》」によく似た三足土器（中国の新石器文化の時代＝仰韶《ぎょうしょう》文化期に出現した）などが次々と見つかり、喜田貞吉の説を補強していったのである。

また、三内丸山遺跡で見つかった四千年前の円筒《えんとう》土器と同型の土器が、中国大陸で発見されている。

遣隋使《けんずいし》や遣唐使《けんとうし》でも命がけで行ったのに、なぜ縄文人は海に飛び出したのかというと、彼らの船は大木を刳《く》り抜いた丸木舟だったから、沈まなかったのだ。

豊かな生活を送っていた縄文人

縄文時代の特異性を知るには、縄文土器を見つめ直すのが手っ取り早い。一万数千年前に生まれた世界最古級の土器だ。

明治時代にモースが大森《おおもり》貝塚で見つけた土器の紋様《もんよう》を「ｃｏｒｄ ｍａｒｋ」と呼び、これを訳して「縄文」の言葉が定着した。

火焔土器（A式1号。長岡市立科学博物館提供）

縄文土器と言えば、「縄で紋様を刻んだ」土器を思い浮かべる。また、「食器に不必要な部分」が多いことで知られている。たとえば、口縁部《こうえんぶ》に突起や波状《はじょう》口縁が存在し、さらに火焔《かえん》土器のように、紅蓮《ぐれん》の炎のような、情念に満ちた造形が、強烈な印象を与えてくれるのだ。

ちなみに、口縁部の突起は、すでに草創期の最古の土器に登場している。

土器の発明によって、木の実を水にさらしあく抜きをし、煮炊《にた》きをして、

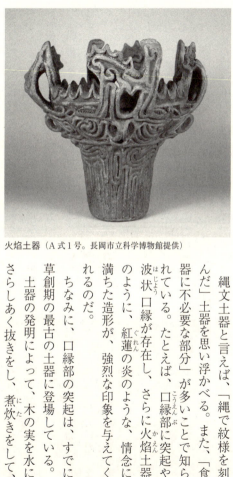

それまで食べられなかった食料が食べられるようになり、貯蔵も可能となった。また、縄文土器は、「ただの道具」ではない。信仰の域に達したかのような縄文人の世界観を表し、日本人の美意識の原点が、ここにある。

また縄文人は、土器を使って酒を造っていたようだ。世界の狩猟採集民は、酒を造る技術も習慣もなかったとされている。酒は農耕民の文化と信じられていた。また、酒の原料となる米を本格的に作りはじめるのは弥生時代からで、日本列島の縄文人は、それまで酒を楽しんでいなかったと信じられていたのだ。しかし、彼らは果実酒を造っていたようなのだ。

なぜそのようなことがわかるのかというと、三内丸山遺跡の低地に、ニワトコやヤマブドウなどが密集して堆積《たいせき》していたからだ。また、一緒にショウジョウバエのサナギも見つかっている。ショウジョウバエは発酵《はっこう》し腐敗する果実を好むことから、発酵した果物を捨てていた可能性が高いのだ。

また、日本列島には明確な季節の変化があって、これを縄文人は利用していたようだ。すなわち、季節ごとに異なる食料を手に入れ保存し、食料採集がむずかしくなる秋から冬にかけて、土器を造っていたようだ。生業のリズムが出来上がり、豊かな食料事情に恵まれたのだった。縄文人の虫歯の数が多いのは、そのためらしい。当時の世界を見渡しても、もっとも豊かだったのではないかと考えられている。

佳境《かきょう》に入った日本人のルーツ探し

DNAの研究が劇的に進化して、日本人のルーツ探しも、佳境に入ってきた。今の段階でわかってきたことを、ここにまとめておこう。

まず確認しておきたいのは、「縄文人」という単一の民族が存在したわけではない、ということだ。一万年以上つづいた縄文時代、日本列島には、雑多な人種が流れ込んでいたのだ。そして、弥生時代のみならず歴史時代になっても、朝鮮半島や大陸から、人びとは渡ってきた。

ただし、だからといって日本人が中国や朝鮮半島の人びとと同じかというと、そのようなことはない。事情を説明していこう。

ミトコンドリアDNAの分析（ミトコンドリアDNAは母から子に母系遺伝する）

によって、現代人の祖をたどっていくと、二十万年前から十四万年前にアフリカのひとりの女性に行き着く可能性が高まった。これが「イブ仮説」と呼ばれるものだ。アフリカで新たな人種が生まれ、七万〜六万年前、各地に広がっていったと考えられている。

また、この分析によって人類の系統がほぼ描けるようになった。全世界に展開した人類は、大きく分けて四つのグループ（クラスター）に分類できる。しかも「黒人」「白人」「黄色人種」といった見た目でわかるグループとはまったく異なるもので、四つの中の三つはアフリカ人で、残りのひとつの中に、ヨーロッパ人とアジア人が含まれていた。

ならば、アフリカを飛び出した人びとの中で、日本人の先祖はどこを経由してきたのだろう。その痕跡《こんせき》を、どのようにたどることができるのだろう。

ミトコンドリアDNAは突然変異《とつぜんへんい》の頻度《ひんど》が高く、いつ変異したのか、わかりにくい。そこで、数万年に一回の割合で変異する特別な部分を選ぶ。これを「ハプログループ」と呼び、その分岐していく様子を捕らえることによって、人類の拡散の実態が明らかになってくるわけだ。

東アジアに人類が進出したのは、七万～六万年前以降のことと考えられている。アジアの人種を形成するハプログループはMとNで、その中でもいくつにも分岐し、混在していて、複雑な系統図が出来上がる。また、東アジアの人びとは、「東南アジアから中国南部」と「バイカル湖を中心とした北方アジア」の二つのグループに大別できる。

現代日本人と朝鮮半島や東アジアの人びとのミトコンドリアDNA（母系）のハプログループ頻度を比較すると、よく似ていることがわかってきたのだ。ただまったく同じというわけではない。朝鮮半島やアジアにはほとんど存在しない二つのハプログループM7aとN9bがある。前者は沖縄、関東と北海道の縄文人に多くみられ、後者は東北日本に多かった。これは縄文時代から現代につづく、血の流れでもある。

日本人の特徴は多様性

日本人のルーツ探しには、もうひとつ重要な手がかりがある。それが、父から子

ミトコンドリアDNAの全塩基配列を用いた系統樹

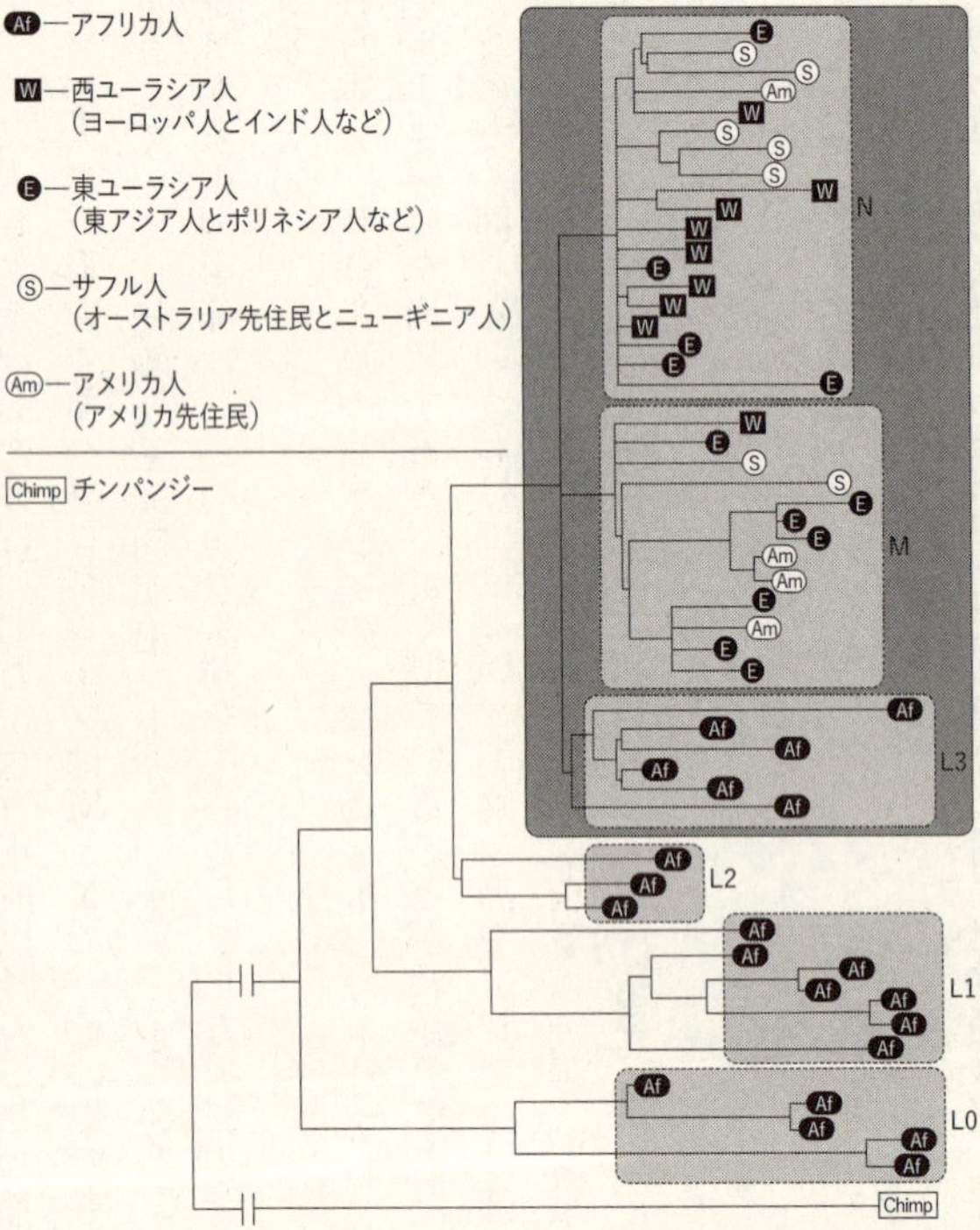

サハラ以南のアフリカ人の間でもっとも変異が大きく、ヨーロッパ人やアジア人は、ごく小さなグループにまとまることがわかる。図中の線の長さは遺伝的距離を示している。(Ingman et al.2000を改変)

日本と近隣集団のハプログループ頻度の比較

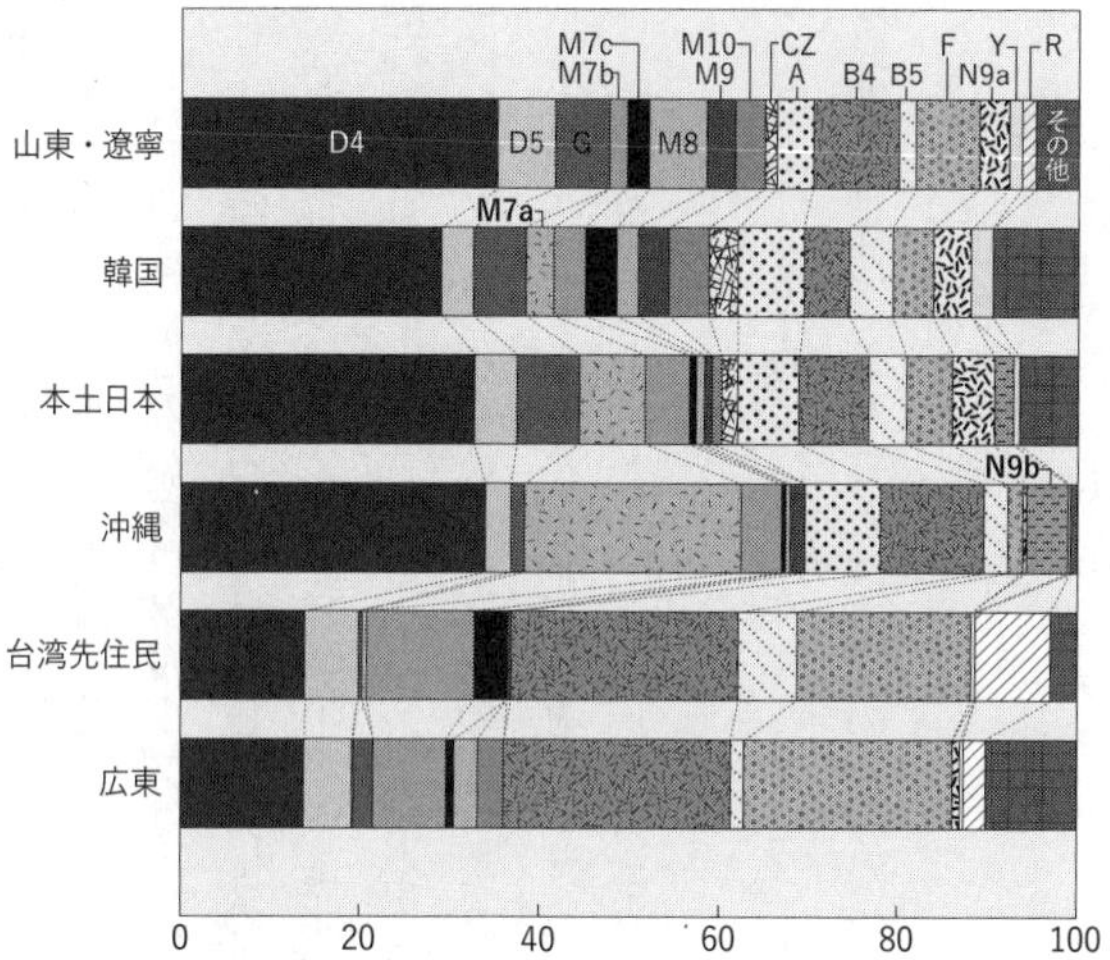

ミトコンドリアDNAのハプログループ頻度から計算した日本と周辺地域の近縁関係

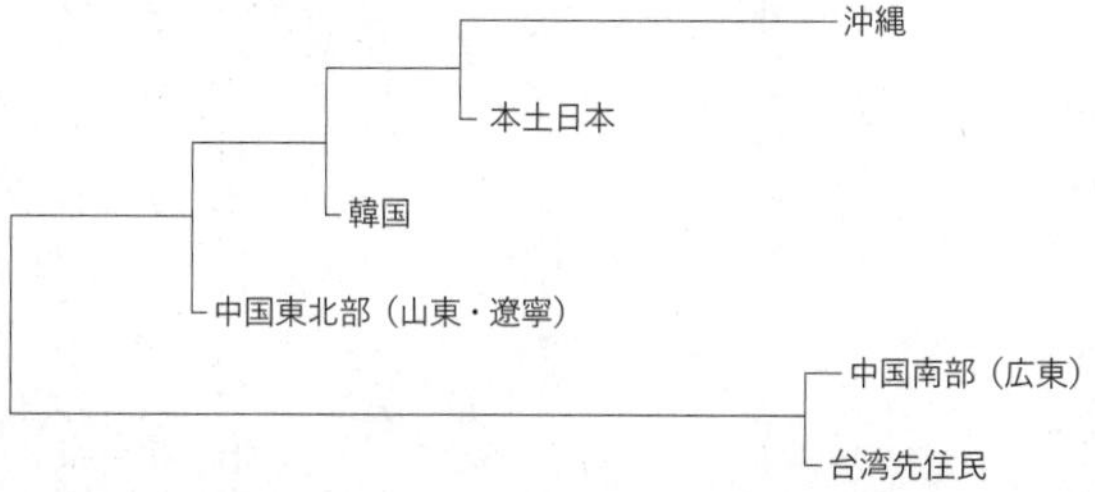

に伝わるY染色体なのだ。

Y染色体のハプログループを調べると、日本の場合、C、D、Oの三つの系統が九割を占めている。Cのハプログループは、東アジア、オセアニア、シベリア、南北アメリカ大陸に分布する。Oは、日本男性の半数を占める。日本にはO2bとO3の系統が分布する。O2bは朝鮮半島や華北、O3は華南《かなん》に広がる。

問題はD（日本人の場合D2）で、日本人男性の三十～四十パーセントが、このハプログループに属していることなのだ。これは日本に特徴的なことで、Dのハプログループは古くから日本列島に存在し、すなわち縄文人の流れを汲《く》んでいたと思われる。崎谷満《さきたにみつる》は、次のように指摘している。

日本列島には世界的に稀《まれ》なDNAハプログループが存続できたこと、また高いDNA多様性を維持できたことは奇跡のようなできごとであった（『DNAでたどる日本人10万年の旅』昭和堂）。

かつて、日本列島は、弥生時代の始まりからあとにやってきた渡来人《とらいじん》に圧倒さ

Y染色体の亜型分化

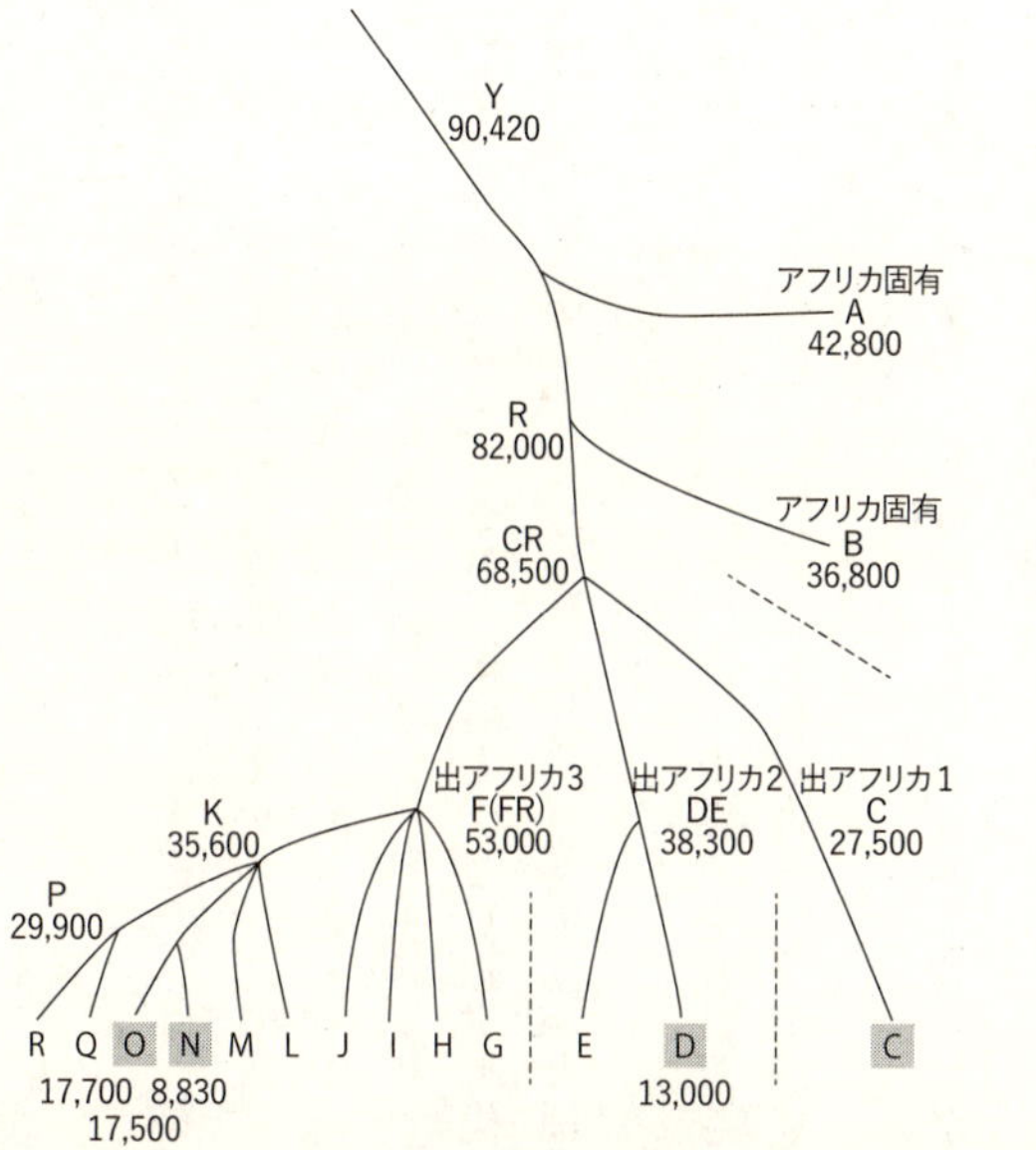

亜型分類はYCC（2002）による。Yは現生人類の祖型を、AからRは亜型の大分類を示す。亜型に付加されている数字は分岐推定年齢を表す（Hammer and Zegura 2002による）。アフリカを出た現生人類は3つのグループ（C、DE、FR）に分かれる。日本列島にまでたどり着いた主な亜型C、D、N、Oは枠で囲ってある。

れ、席巻《せっけん》され、人種は入れ替わったと信じられてきた。ところが、DNAの研究によって、大陸や朝鮮半島の人びとがそのまま日本人になったわけではなかったことが、はっきりとしてきたわけだ。

またその一方で、アフリカを出立した先祖たちは、いろいろなルートを経て、日本列島にやってきていたこともわかっている。これは、弥生時代に始まったことではなく、それ以前から、多くの人びとが流れ込んでいたのだ。具体的には、後期旧石器時代にC3系統、Q系統の移動性狩猟文化、新石器時代にD2系統（縄文文化）、C1系統（貝文《かいもん》文化）やN系統の人びと、弥生時代以降は、O2b、O2a系統の集団（長江文明）やO3系統（O3eは黄河文明と関わる）、O1系統（オーストロネシア系）がやってきたことがわかっている。

このように、日本人の体の中には、世界でも稀にみる「多様な遺伝子」が残された。アフリカを出立した人びとのすべての遺伝子が日本に伝わっている。これは世界でも珍しいことなのだ。

そこで次に、縄文時代から弥生時代への移り変わりが、どのように進んでいったのが、その様子を眺めてみよう。

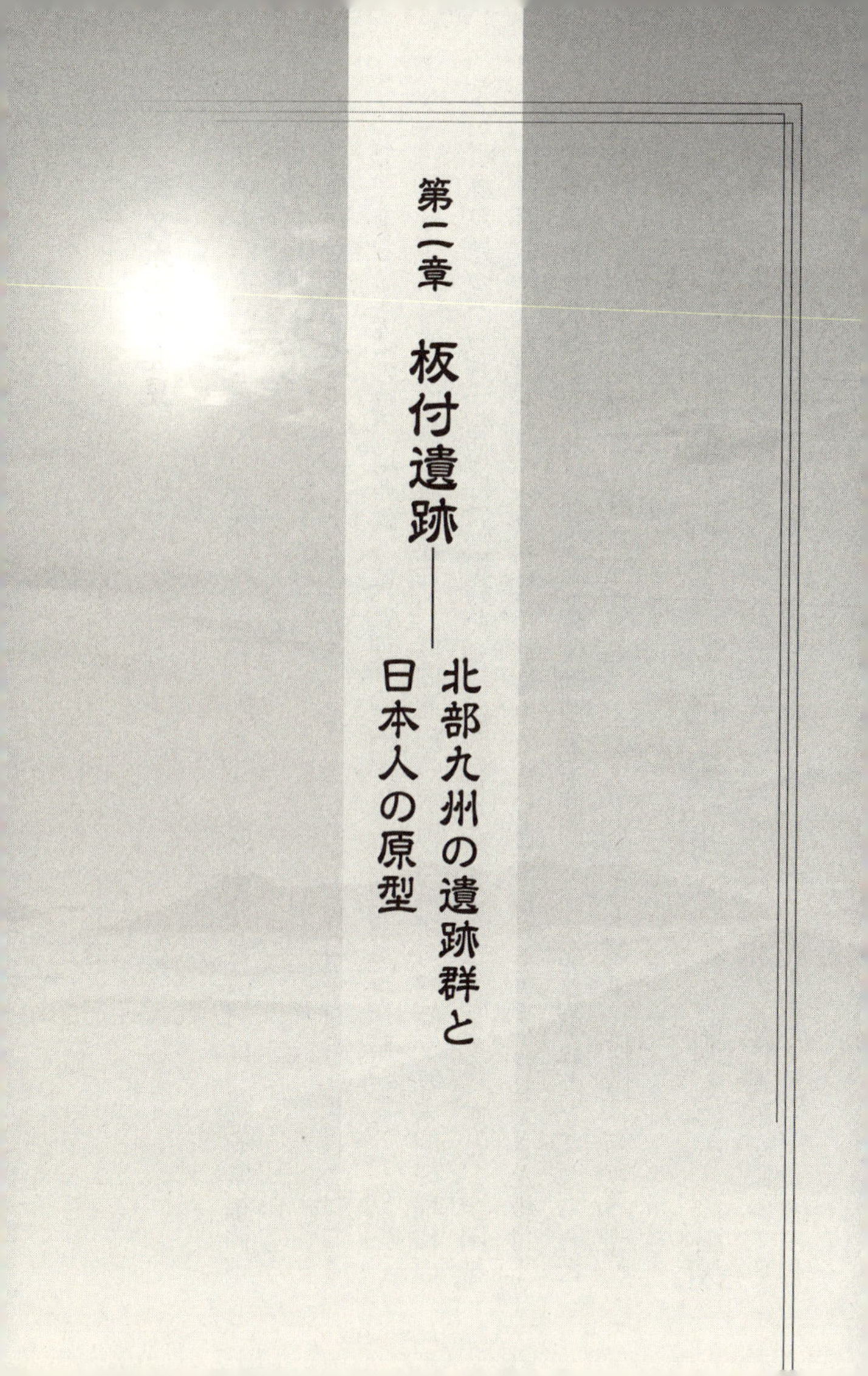

第二章　板付遺跡

——北部九州の遺跡群と日本人の原型

縄文水田の発見

いよいよ、弥生時代の遺跡に注目してみよう。取りあげたいのは、福岡県福岡市の板付遺跡《いたづけ》である。

福岡空港は地元では板付空港とも呼ばれているが、板付遺跡の「板付」はここで、まさに空港の脇（南西側）に、稲作の起源にまつわる遺跡が眠っていたのだ。

昭和五十三年（一九七八）五月、板付遺跡の水田遺構《すいでんいこう》から、縄文終末期の稲作の痕跡《こんせき》が見つかった。稲作は弥生時代からというそれまでの定説を覆《くつがえ》すと、全国紙に報道され、世間をあっと言わせた。弥生でもっとも古いと考えられてきた板付Ⅰ式期段階の水田よりも古い、縄文時代晩期最末期の水田が発見されたと報じられたのだ。いわゆる「縄文水田の発見」だ。それが夜臼式《ゆうすしき》土器単独段階（突帯文《とったいもん》土器）の水田である。

板付遺跡は、福岡平野の中央部、御笠川《みかさがわ》、諸岡川《もろおかがわ》に挟まれた台地上にある。肥沃《ひよく》な沖積地《ちゅうせきち》で、さらに西側の那珂川《なかがわ》の流域までの間に、無数の弥生遺跡が眠っていたのだ。まさにここは、「最古の農村風景」が広がった場所だった。

遺跡そのものの発見は、早い。慶応《けいおう》三年（一八六七）に遺跡の中心部に位置していた通津寺《つうしんじ》で、銅矛《どうほこ》五本が出土していた（現存せず）。板付遺跡の環壕《かんごう》の内側に埋《まい》納《のう》されていたようだ。大正五年（一九一六）には、寺の南東の方角から、甕棺《かめかん》六基、その中から、銅矛と銅剣《どうけん》も見つかっている。戦後になって何度か発掘調査がくり返され、壕状《ほりじょう》遺構が見つかった。さらに調査が進められ、四半世紀をかけて、板付遺跡の全貌が明らかになり、通津寺を中心にした、日本最古の楕円《だえん》形の環壕集落（南北百十メートル、東西八十一メートル）だったこともはっきりとした。そしてこのあと、台地の南北の低地から、水田跡が発見されたわけである（環壕集落は復元された。飛行機の離着陸時に見える）。水田には、水路と堰《せき》、畦畔《けいはん》が整備されていた。完成度の高い水田だった。

板付遺跡

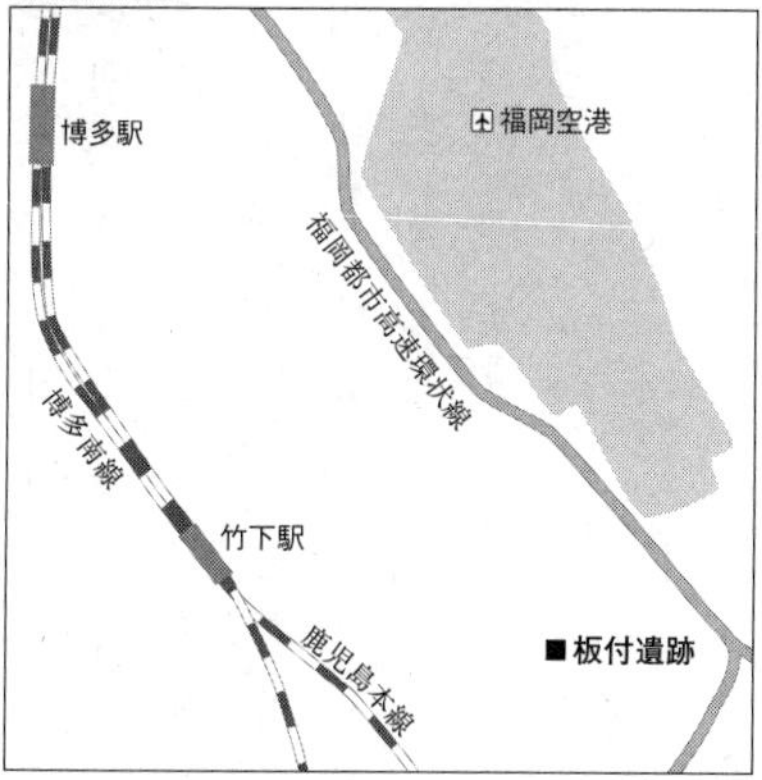

さらに、昭和五十五年（一九八〇）から翌年にかけて、唐津湾《からつわん》西部の海岸線からやや内陸寄りの虹《にじ》の松原《まつばら》と呼ばれる砂丘（日本三大松原のひとつでもある）の近くで、さらに古い水田（山ノ寺《やまのてら》式土器の時期）が見つかった。それが菜畑《なばたけ》遺跡（佐賀県唐津市）だ。耕作面四枚と、規模は小さかったが、木製農具、石包丁、石鎌《いしかま》、炭化米二百五十粒が見つかり、その中の百粒以上がジャポニカ種とわかるなど、やはり、世間をあっと言わせた。

菜畑の水田は小さな谷に造られていたが、この様式だと、「大規模な灌漑《かんがい》設備を必要としない」ため、初期の段階では有利だったのだ。これは、朝鮮半島で稲作が始まった無文《むもん》土器時代の水田でも、共通だった。

ちなみに、炭素14年代法によって、弥生時代の始まりが紀元前十世紀までさかのぼる可能性が高まった。そうなると、朝鮮半島の無文土器時代の前期から中期にかけてが、日本の弥生時代早期と重なる。

ちなみに、朝鮮半島側では、考古学の歴年をすでに炭素14年代法で求めている。また、朝鮮半島の狩猟採集《しゅりょうさいしゅう》時代は櫛目文《くしめもん》土器の時代で、稲作が始まるのは、無文土器時代だ。ただし、櫛目文土器時代に、すでに農耕が始まっていたという指摘も

板付遺跡・復元された竪穴式住居（まるごと福岡博多提供）

板付遺跡の復元された水田（まるごと福岡博多提供）

出てきている。

また、朝鮮半島の無文土器時代の区分は突帯文《とったいもん》土器が早期で、孔列文《こうれつもん》土器が前期にあたるが、日本の弥生早期の遺跡から、前期の孔列文土器が出土する例が増えている。そうなってくると、朝鮮半島の考古学が炭素14年代法を採用し、日本の考古学者がこれを無視していると、日本と朝鮮半島の間で、話が嚙み合わなくなってしまうわけだ。

縄文時代と弥生時代をどこで分けるのか

それはともかく、菜畑遺跡では、谷の中央部に水路が掘られ（幅一・五〜二メートル）、両側にしつらえた土盛りを畦《あぜ》にして、田を仕切っていた。すぐ脇の丘陵部に、竪穴《たてあな》住居と高床《たかゆか》式建物があって、稲作集落のミニチュアで、箱庭のような景色が広がっていた。

菜畑だけではない。このあと、福岡市の雀居《ささい》遺跡と那珂《なか》遺跡では、板付と同時期の水田が、さらに岡山市の江道《えどう》遺跡などで、最古級の水田や灌漑遺跡がみつかって

菜畑遺跡（唐津市）

いる。この結果、北部九州から西部瀬戸内地域にかけて、縄文晩期の突帯文土器後半段階に水田耕作が行われていたと考えられるようになったのである。

ただし、ここから先が厄介《やっかい》なことになる。まず、本当に板付遺跡の水田は縄文時代のものなのかと、疑念が持たれるようになっていく。それは、弥生時代をどのように定義するかにかかっていたのだ。

「縄文土器を使っているのは縄文時代で、弥生土器を使っているのなら弥生時代」

という考えに対し、

「稲作をはじめたら、それは弥生時代」

のふたつの立場があって、学界は混乱したのだ。

たしかに「縄文土器と弥生土器の違いで時代の区切りにする」という常識がかつてまかり通っていた。たとえば、昭和三十四年（一九五九）発行の名著『図解考古学辞典』（東京創元社）の中で小林行雄《こばやしゆきお》は、弥生時代を弥生土器が使われた時代とはっきり言い、稲作農耕が始まり、青銅器《せいどうき》などの金属器が流入し使用されはじめ、朝鮮半島や中国大陸との交渉が始まったといっている。

ところが、このような常識は、もはや通用しなくなってしまった。縄文土器と弥生土器の「違い」が、よくわからなくなっている。つまり、縄文的な要素を残した弥生土器や、弥生的な要素を取り込んだ縄文土器が見つかり、文化の断絶を見出すことがむずかしくなってきているし、縄文的な土器と弥生的な土器が共存していた例が、数多く発見されているのだ。

そして最近では、「板付遺跡の水田は縄文時代ではなく弥生時代」という考えが優勢になってきた。たとえば九州歴史資料館（福岡県小郡《おごおり》市）の展示でも、「弥生早期」と明記してある。使っていた土器が縄文的であったとしても、「稲作が始まってくれば弥生時代」という定義に、ほぼ落ち着いたのである。

ちなみに、「弥生人が朝鮮半島からやってきた（この場合、弥生人とは、渡来人を指すことになる）段階で弥生時代は始まったのではないのか」という発想もあるかもしれないが、その問題は、あとで考える。

弥生時代の開始はいつなのか

もうひとつの問題は、弥生時代の始まりが炭素14年代法によってどんどん古くなっていることだ。

炭素14は、およそ五千七百三十プラスマイナス四十年で半減する。植物なら、伐採した時から減りはじめる（約八十年で一パーセント）。この性質を利用して、遺跡から出土した木片や炭化したコメ、スス（煤）に含まれる炭素14の数値を測定し、遺物の絶対年代を探り当てることができる。

ただし、気候条件その他の要因から、測ったように一定に減るわけではなく、補正作業が必要となる。それが、「較正《こうせい》年代」と呼ばれる。そして、日本の水田稲作の開始時期を炭素14年代法で調べてみると、紀元前十世紀にさかのぼるという結果がでたのだ。

炭素14年代法は遺跡の絶対年代を特定するための科学的方法なのだから、これを無視することはできない。「科学的」だからといって、無批判に信用していいというわけではないが、日本の考古学者の場合、炭素14年代法に対する不信感が、なかなか抜けきれないという問題がある。だから、縄文時代のはじまりも一万五千年前に修正すべきだと指摘されているが、なかなか教科書には反映されない。

弥生時代のこれまでの年代観は、土器編年《どきへんねん》に頼ってきた。土器の新旧を順番に（精密に、職人技で）並べ、土器の新旧を比較することで、遺跡のおおよその年代を推理していたのだ。

世界では、すでに炭素14年代法を重視する方向に進んでいるが、小山修三《こやましゅうぞう》は「日本で今それを言ったら、パニックになる」と述べている（『縄文鼎談　三内丸山《さんないまるやま》の世界』　岡田康博《おかだやすひろ》　小山修三編　山川出版社）。とは言っても、小山修三の発言は、今から二十年ほど前のことだから、さすがに、炭素14年代法に対する考え方も、だいぶ変わってきたのではなかろうか。

ただし、弥生時代の始まりに関していえば、いまだに意見が分かれる。炭素14年

炭素14年代法と日本産樹木による較正年代の比較

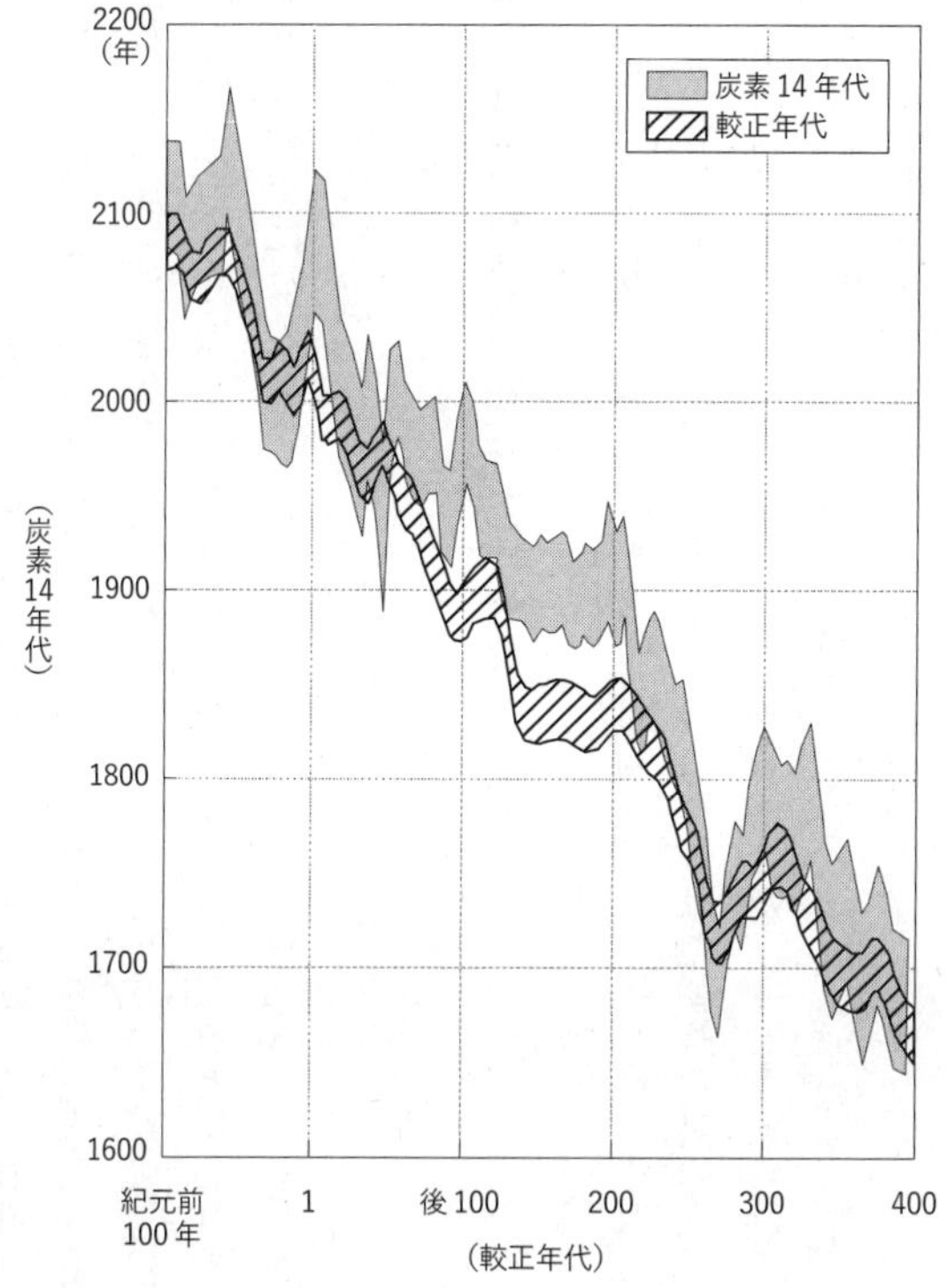

代法の測定結果が、すんなりと受け入れられない土壌が、まだ存在することも、確かなことだ（ひとつの原因は、邪馬台国《やまたいこく》論争だと思う。邪馬台国畿内論者は炭素14年代法の出した幅のある年代の中から、恣意的《しいてき》に古くみつもっている。事情は後ほど）。

弥生時代の始まりは、一九六〇年代に紀元前三百年ごろと言われていたが、その後紀元前五百年に改めた。しかし、炭素14年代法は、「さらに五百年さかのぼる」と修正を求めているのだ。

弥生時代の始まりは紀元前十世紀？

弥生時代の始まりがこれまで通り紀元前五世紀ごろということになれば、中国の戦国時代にあたる。そのため、漢民族の圧力を受けた朝鮮半島の人びとが、難を逃れて日本列島にやってきて弥生時代が始まったのだろうと考えられていたのだ。しかし、紀元前十世紀となると話が変わってくる。中国の西周《せいしゅう》王朝が中原《ちゅうげん》に興ったころで、このころ朝鮮半島南部でも農耕社会が成立していた。

このように、もし仮に、水田稲作のはじまりが紀元前十世紀にさかのぼるとなると、歴史観そのものが、大きく変わるのだ。

かつては水田稲作と渡来人の流入ののち、水田稲作文化は「あっという間に東に伝わった」と考えられていたが、じっさいには何百年というゆっくりとしたペースで、浸《し》みるように伝わっていったと考えられるようになったのだ。これは重要な事実だ。急速に稲作が東に向かったのなら、最初に海を渡ってきた人の数も多かっただろうし、新来の文化に先住の民は圧倒されたと考えざるをえない。

とは言っても、炭素14年代法による年代観の変更は、いまだに多くの史学者に受け入れられたわけではない。眉に唾する学者も少なくないのだ。

何度炭素14年代法の試験をくり返しても、ほぼ同じ年代が出るのだが、最古の弥生土器に千年前のススが付着していたとしても、最初から土器に付いていたかどうかわからないと、否定されてしまうのだ。

その一方で、土器編年によって弥生時代最古の土器と同時代とみなされてきた朝鮮半島の土器を測定したところ、やはり紀元前十世紀を示したという（藤尾《ふじお》慎一郎《しんいちろう》『〈新〉弥生時代』吉川弘文館）。

やはり、弥生時代は紀元前十世紀ごろまでさかのぼりそうだ。

この新しい基準を当てはめると、稲作の伝播も、九州東部、西部瀬戸内海には、稲作到来から三百年後の紀元前八〜前七世紀に、近畿には、紀元前七〜前六世紀、奈良盆地には紀元前六世紀、伊勢湾沿岸には、紀元前六〜前五世紀後半、東北北部（青森県弘前市）には、紀元前四世紀、関東南部には紀元前二世紀と、これまで考えられていた年代よりも、古くなる。

意外に多かった熱帯ジャポニカ

では、稲作はどこからどのようなルートを経て日本列島にやってきたのだろう。佐藤洋一郎《さとうよういちろう》は『歴博フォーラム　弥生時代はどう変わるか』（広瀬和雄《ひろせかずお》編　学生社）の中で、稲作の歴史について、日本の学界はふたつ誤っていると指摘した。ひとつは、稲作の開始が弥生時代の水田稲作の開始とみたこと、第二に、水田稲作が始まってから今に至るまで、その姿はほとんど変わっていないと考えているところだという。

どういうことか、要約してみよう。

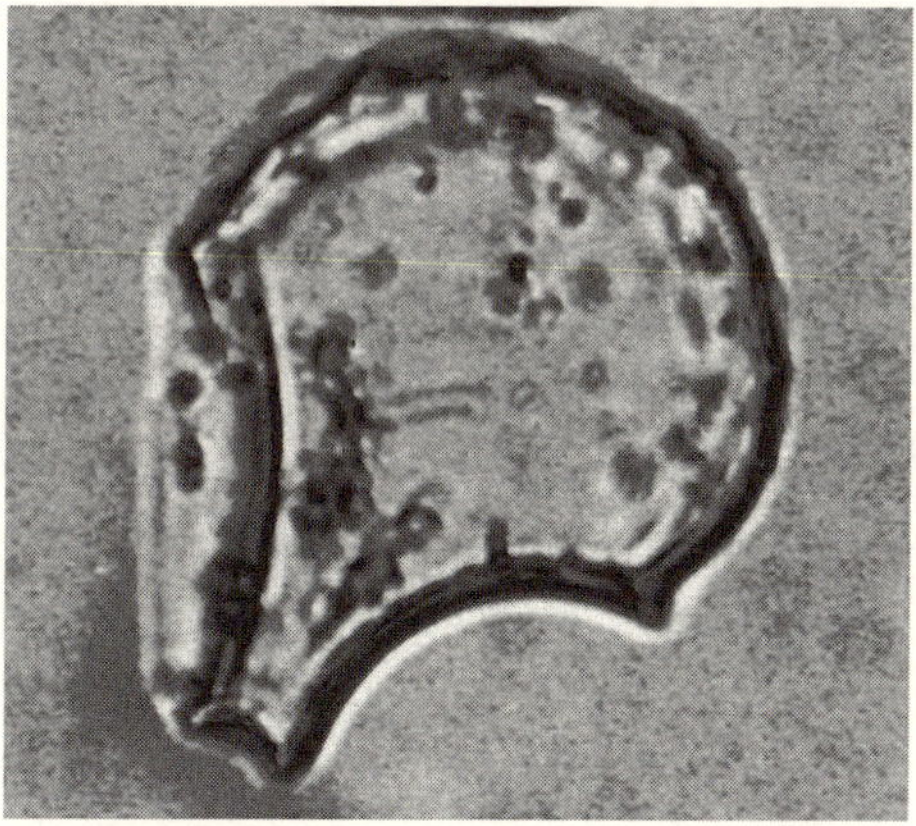
日本のイネ（ジャポニカ）のプラントオパール

まず、世界では、一万年前からイネがとれていた。中国の長江《ちょうこう》の中下流域だ。

ただし問題は、その稲が栽培イネか野生種か、というところにある。一万年前のイネが栽培イネだったという証拠は、まだ発見されていない。その一方で、七千六百年前の河姆渡《かぼと》遺跡（浙江《せっこう》省）出土のイネは、間違いなく栽培イネとわかっている。この地域では、五千年前ごろには稲作が普及していて、日本列島にもイネがもたらされていた（プラントオパール＝イネの残留物が縄文地層から見つかっている）。それにもかかわらず、「縄文時代に稲作はなかった」と長い間信じられていたのは、水田が発見されなかったからだ。しかし、アジア全般を見渡せば、焼畑《やきはた》で稲を作るところは、いたる場所でみられる。

それでも縄文稲作を否定する人たちは、

ては「縄文時代の焼畑」に関して、一般に考えられている山の斜面を利用する方法を当てはめて考えていて、だから縄文時代の稲作は困難だったと指摘している。しかし佐藤洋一郎は、「場合によっては水が溜まるような起源、たとえば川の氾濫原《はんらんげん》のようなところを想定」している。可能性を頭から否定する必要はない。

ならば、縄文時代のイネは、どのようなものだったのだろう。焼畑など粗放《そほう》な環境にも適合する品種は、熱帯ジャポニカだ。

ジャポニカには、熱帯ジャポニカと温帯ジャポニカがあるが、起源はどちらもよくわかっていない。水田稲作に適しているのは、温帯ジャポニカで、弥生時代の到来は、温帯ジャポニカの上陸でもあった。

ただしプラントオパールの研究が進んでわかってきたのは、古代の水田では、熱帯ジャポニカの比率が高く、中世以降、その比率が下がっていったことである。長い年月の間に、古い時代にやってきた熱帯ジャポニカは、消滅に向かっていったということだろうか。また、現代日本では品種改良が盛んに行われ、在来品種が次々となくなっていったが、それでも一九七〇年代まで、七パーセントの品種が熱帯ジャポニカ特有の遺伝子を持っていたという。

また、日本のイネの在来品種の遺伝的多様性（しかも環境の影響を受けない遺伝子の部分の多様性）が「極めて小さい」ことがわかっていて、このことから、温帯ジャポニカをもたらした集団は、ごくわずかだったのではないかと疑われている。

日本語の原型は縄文時代に完成していた

弥生時代の開始とともに、渡来人が日本列島を席巻したという発想は、そろそろ捨てるべきだ。特に、北部九州で実際に遺跡を掘っている考古学者は、「渡来人による制圧は考えられない」と指摘する。

どういうことか、説明しよう。

まず、縄文時代から弥生時代への移り変わりを、かつては土器の変遷で語っていた。ところが、すでに述べたように、縄文土器と弥生土器の「境目《さかいめ》」がわからなくなってきている。縄文的な弥生土器が見つかっているのだ。さらに、弥生時代を象徴する銅鐸《どうたく》に、縄文的な文様が施されているという指摘もある。

弥生時代を代表する北部九州の土器に、遠賀川《おんががわ》式土器（板付Ⅰ、板付Ⅱの形式名に変わりつつある）がある。北部九州の弥生人が東に水田稲作文化を伝えていった物的証拠とみなされていた重要な土器だ。この土器は伊勢湾沿岸まで伝わっていき、「文明開化の象徴」と信じられていた。ところが弥生時代中期には、遠賀川式土器を生みだした地域（遠賀川は福岡と大分の県境の英彦山《ひこさん》が源流。福岡県遠賀郡芦屋《あしや》町《まち》に流れ下る）で文化の揺り戻しがあって、縄文時代から伝わる「古態《こたい》」が復活していったという指摘がある。弥生中期以降に北部九州で盛行する大型甕棺や前漢《ぜんかん》・後漢鏡《ごかんきょう》などの青銅器の埋納も、遠賀川地域は採用していないという。

「日本語」に関しても、興味深い指摘がある。日本語は東アジアの中でも孤立していて、そのルーツ探しは、なかなか進まなかった。ただ、これまでの考えでは、弥生時代に渡来人が大挙して流れ込み、言語も入れ替わったのではないかと疑われてきた。しかし次第に、縄文時代に、すでに日本語の基礎は完成していたのではないかと考えられるようになってきた。

音韻学《おんいんがく》の専門家で言語学会の会長だった小泉保《こいずみたもつ》は『縄文語の発見』（青土社）の中で、縄文期の言語と弥生期の言語に断絶があったというかつての常識に、敢然と立ち向かったのである。

そして、日本列島の北から南までの言語が、方言の差があるとはいえつながっているのだから、弥生時代の到来によって外来者の手で突如言語がすり替えられたとはとても考えられないと指摘し、縄文時代からつながっていたと考えるのが自然の理に適《かな》っているといい、「縄文語の有力な方言のひとつから弥生語が形成された」と考え、「縄文語の方言の中に日本祖語の基底を掘り起こしていかなければならない」といっている（前掲書）。

言語の血縁関係を認めるには「規則的音声対応《おんせいたいおう》」という判定法があって、これを当てはめて日本語と「身元の証明」ができるのは、琉球《りゅうきゅう》語だけだという。日本の北方と南方に親類縁者を求め、どこの言語と近いのかを調べはじめ、これを土台にして、日本語の起源を探りはじめたのだ。基本語彙《ごい》の音声対応を照らし合わせると、ふたつの言語は、「日本語」に属すること、逆に日本語の元祖と思われてきた朝鮮半島の言葉と日本語には、共通する語彙が少ないのだという。

問題は、日本列島の中にも、言語の温度差が見られることだ。東北と南部九州の方言が似ていて、そこに挟まれた中部地方、近畿地方、北部九州の間に差がある。またこの三つのグループ同士は似ていた。中心から外に向かって、古い言葉が残っている可能性がある。しかも、東北方言が、縄文後期の発音に似ていると考えられている。

また、島根県東部と鳥取県西部の「雲伯《うんぱく》方言」は松本清張《まつもとせいちょう》の小説『砂の器』で東北のズーズー弁とよく似ていることが有名になったが、音韻はたしかに似ている。小泉は「イ」と「ウ」の中間的な発音や「イ」と「エ」の合体も共通で同系だといい、これを「裏日本縄文語」と呼ぶべき言語から成立していたと指摘し、裏日本縄文語は日本海を伝わって出雲にも残ったが、東日本縄文語ともつながっていたとする。

この言語は、言葉の濁音化《だくおんか》と「ダ行」「ガ行」で鼻にかかる鼻音化《びおんか》という特色があり、これは九州南部、四国の太平洋側、紀伊半島南部にも共通する。このような縄文的な濁音の特徴は、元々は西日本の瀬戸内海周辺にも存在したのだろうが、渡来文化の影響を受けた地域からは、消え去ったものと考えられる。

そして、これらをまとめると、つぎのように系統づけられるという。

太古の昔、前期九州縄文語が、表日本縄文語と裏日本縄文語に分離、琉球縄文語が分離した。その後表日本縄文語の子孫が山陽と東海方言となり、裏日本縄文語は東北方言につながり、琉球方言が産み出された。そして紀元前後に、後期九州縄文語と裏日本縄文語に渡来語が作用した。これが弥生語で、その直系が関西方言ということになる。また、裏日本と表日本の方言が重なって、関東方言が作られた……。

やはり、縄文の言葉は、日本語の基礎となったのだ。ちなみに、筆者は平成二十七年（二〇一五）十二月に、岡山市を訪ねた際、地元の方々の間で交わされる言葉を聞いて驚いたことを鮮明に覚えている。関西弁ではなく、明らかにイントネーションが関東に近かったのだ。今考えれば、東海地方と同じ起源をもつ言葉だったと知り、合点がいった。

ところで、「稲」に造詣の深い池橋宏《いけはしひろし》は『稲作渡来民』（講談社選書メチエ）の中で、次のように述べている。

言語について、先住民の言語がそのまま残ったということは、渡来民の交通手段が小舟であり、一回に来る人数が限られていたからである。

つまり、少数の渡来人がやってきて、先住の民の中に浸みるように混じっていったのではないかと指摘しているのだ。この考えが、考古学者の間でも、次第に有力視されるようになってきたのだ。

もう少し詳しく、説明していこう。

本当に渡来人が日本を蹂躙《じゅうりん》したのか

渡来人たちは、どのようにやってきて、日本列島に棲《す》みつき、稲作を普及させていったのだろう。そして、先住の縄文人たちは、彼らとどう向き合っていったのか。

戦後すぐ、江上波夫《えがみなみお》の騎馬民族日本征服説が発表され、ヤマト建国時、朝鮮半島から強大な騎馬軍団を率いた渡来系征服者が現れ、日本列島は蹂躙されたという考えが、一世を風靡《ふうび》した。『日本書紀』に記された神武東征《じんむとうせい》が、まさに朝鮮半島から押し寄せた渡来系王朝の征服劇とみなされたのである。

ただし江上波夫はのちに、最初騎馬民族は北部九州に上陸して地盤を固めた上で、五世紀ごろに東に向かったのだと考えを改めたが、騎馬民族日本征服説の影響力は強く、弥生時代の到来と水田稲作の普及も、渡来人の征服戦とみなされるようになったのである。

ところが、次第に「渡来人が日本列島を席巻した」「縄文人は渡来人に駆逐された」という考えは、疑問視されるようになってきた。弥生遺跡の朝鮮半島から伝わった甕棺に埋葬された人物が、どうみても縄文人の体型をしていたり、弥生集落で使われている道具の中に、縄文的な香りを感じとったり……、縄文から弥生の時の流れの中で、「文化の断絶はない」ことに気づきはじめたのだ。むしろ「先住の縄文人が主体となって、水田稲作を受け入れていった」のではないかと考えられるようになってきたのである。

金関恕《かなせきひろし》は『弥生文化の成立』（角川選書）の中で、縄文から弥生への移り変わりの成り行きを推理している。それをまとめると、次のようになる。

稲は他の栽培植物とともに、縄文時代後期ごろには日本列島に伝えられていて、縄文人たちは陸稲《りくとう》を作っていた。水田稲作は、密接な交流のあった朝鮮半島から北部九州に伝わったのだろう。縄文人は「必要な文化要素を選択的に採用した」というのだ。

もちろん、朝鮮半島から渡来人もやってきた。彼らはコロニーを形成し（朝鮮半島人の集落）、棲み分けもあったようだ。しかし、次第に先住の縄文人と融合していった。そして、水田稲作の伝播も、かつて信じられていたような、新移住者による急激な文化移植現象ではなく、在地の縄文人が主体的に受け入れていった……。

ただ、そうはいっても、現代人に占める渡来系の遺伝子の割合は、けっして少なくない。これをどう考えればよいのだろう。

弥生人の人口爆発

少数渡来ののち、「稲作民が人口爆発を起こしたのではないか」とする説がある。稲作によって必要以上の作物が安定的に、定期的に産み出され、人口を増やし（すでに触れたように、このあと、土地と水利を求めて戦争が起きることが多いのだが）、日本にやってきて先住の民と混じっていった稲作民の末裔《まつえい》の人口増加率が、先住の縄文人のそれをはるかに上まわっていた、とする考えが登場したのだ。

中橋孝博《なかはしたかひろ》は弥生時代初期の人口増加を、コンピューターを駆使してシミュレーションした。その結果、少数の渡来人の到来でも、先住の民と血を重ね、稲作民となった彼らは人口爆発を起こし、先住の狩猟採集を生業としていた縄文人を圧倒することが起こりうると考えた。このため、縄文的な血は、徐々に薄まっていったのだろうというのだ（『日本人の起源』講談社選書メチエ）。これが、弥生人の正体である。

弥生時代開始当時の渡来系住民が人口比十パーセントと仮定して、一・三パーセントの人口増加率で、三百年後に、渡来系の血が全住民の八十パーセントに達してしまう。人口比を〇・一パーセントにおさえても、二・九パーセントの人口増加率で、同様の結果が得られるのだ。

弥生時代の始まりが紀元前十世紀ということになれば、三百年という尺度も通用しなくなり、さらに少数の渡来で、人口爆発を起こし、渡来系の血が増えていくことになる。

この過程で、弥生人は渡来人の誇りを保ちつづけたかというと、答えは逆だろう。先住の民の中にごく少数の渡来系の民が融合し、子が生まれ、子や孫たちは先住の民の文化に慣れ親しみ、「列島人（縄文人）よりも列島人（縄文人）らしい」とからかわれ、育っていったことだろう。日本の四季に触れ、縄文時代から培われてきた美的センスと風習に染まっていったにちがいない。日本語が朝鮮半島や中国の言葉に塗り替えられることなく残ったこと、温帯ジャポニカ種の遺伝子の「少ないこと」も、中橋孝博の「少数渡来→人口爆発」仮説を後押ししている。

日本人は多様性に溢《あふ》れている

日本人のDNAとよく似たタイプを共有するのは、朝鮮半島と中国の遼寧省《りようねい》、山東省《さんとう》といった日本に近い地域の人たちだ。しかも、朝鮮半島南部には、縄文人と同じDNA配列をもつ人の割合が高く、かなり古い段階から、朝鮮半島と日本列島の間に交流があったことがわかる。特に朝鮮半島南部には、縄文人と同じDNAを持ち、よく似た姿をした人たちが暮らしていたこと、弥生時代にこの人たちが玄界《げんかい》灘《なだ》を渡り、支石墓《しせきぼ》に葬られていた可能性も高い。

このことを受けて篠田謙一《しのだけんいち》は『日本人になった祖先たち』（NHKブックス）の中で、次のように述べている。

DNA分析の結果を見ていると、少なくとも北部九州地方と朝鮮半島の南部は、同じ地域集団だったと考えたくなります。

縄文人は優秀な海の民だったから、海を渡って往き来していたのだ。これはむしろ自然なことではなかろうか。古墳時代に入っても、「倭人」はさかんに朝鮮半島に渡り、半島南西部の百済《くだら》の役人となり名を残した者も現れる。かつて信じられていたような、朝鮮半島から渡来人が列島に押し寄せ、在来の民は圧倒され駆逐されてしまったという発想は、もはや通用しない。

それだけではない。アフリカを旅立った人類は、大きく分類して三つのグループに分かれたのだが、そのすべてが日本列島にやってきたという。このような「全部集まった」地域は他になく、日本人は特殊で多様性に溢れた民族だったことになる。

ただ単に、「吹きだまりだったから」ということなのだろうか。そうではなく、これにはしっかりした理由があったと思う。結論だけ言ってしまえば、「お人好しだから日本列島に集まった」のであって、この意味については、すでに拙著の中で述べているので、そちらを参照していただきたい。日本人のあっと驚く正体が、ここに隠されていたのである（『なぜ日本と朝鮮半島は仲が悪いのか』ＰＨＰ研究所）。

第三章 荒神谷遺跡——青銅器と四隅突出型墳丘墓の謎

出雲《いずも》は本当に存在した？

古代史の謎を解くための鍵は、「出雲」にある。邪馬台国《やまたいこく》もヤマト建国も、出雲を解かなければ、何もわからない。

『日本書紀《にほんしょき》』は、多くの歴史を闇に葬った。邪馬台国やヤマト建国の歴史を熟知していたのに、白《しら》を切って、歴史をお伽話《とぎばなし》（神話）に仕立て上げてしまった。邪馬台国論争が迷宮入りしてしまった最大の原因は、『日本書紀』が歴史の一部を残しつつも、ありとあらゆるトリックを駆使して、歴史を見えなくしてしまったことだ。

ならば、『日本書紀』によって隠されてしまった歴史を、どのように解明していけばよいだろう。ヒントを握っているのは、『日本書紀』だ。嘘だらけの記述の中から、解明の鍵を見つけだし、重い扉をこじ開けることである。

そして現代人は、『日本書紀』編者も予想しなかった「考古学の物証」を手に入れようとしている。当時の編者は、まさか千数百年後、土を掘り返し、遺物を探すなどという酔狂《すいきょう》な茶人が現れるとは、夢にも思っていなかっただろう。

たとえば、かつては「出雲など神話の世界だけの話で、現実には何もなかった」と、長い間信じられていた。

これは仕方のないことで、神話の世界では主役級の活躍をしていた出雲神たちだが、現実の出雲（島根県東部）から、めぼしい遺物が出ていなかったのだ。考古学の発展は、鉄道や高速道路などのインフラ整備や公共事業、工業団地、農道整備などの土木工事と密接にかかわっている。こういった工事では、長大で広大なまとまった土地に「トレンチ（溝＝探り）」を入れていくわけで、遺跡発見の確率は高まる。その点、山陰地方の開発は太平洋側と比べると遅れ、その結果、遺跡の発見も先送りされていたわけだ。当然、「出雲神話など、絵空事」と、史学者に無視されてきた。

荒神谷遺跡

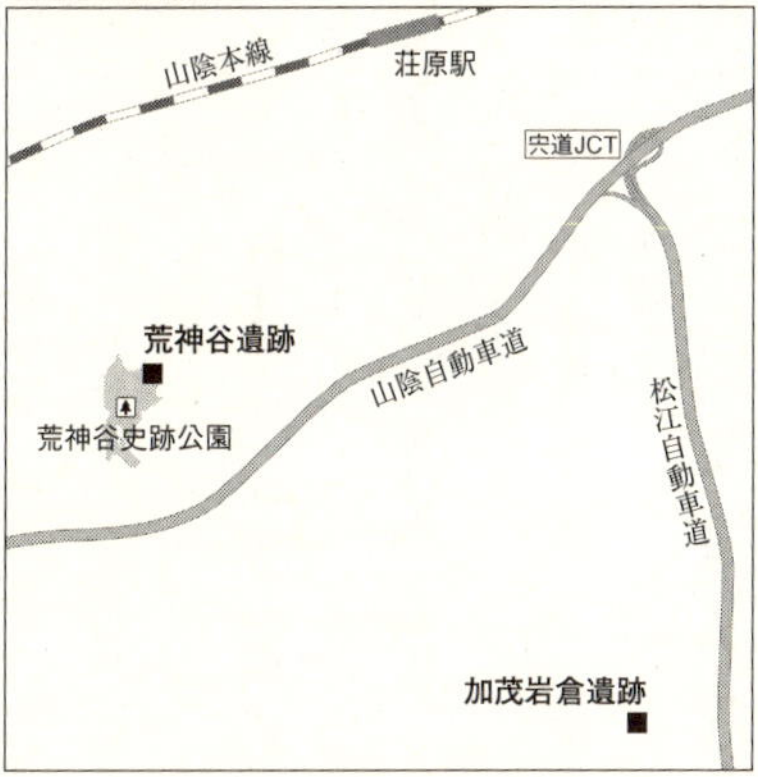

正史『日本書紀』の記事にも問題があった。全三十巻のうち、神話は上下二巻、十一

段にわたって記録されている。不可解なのは、各段に「正文《せいぶん》（本文）」がまず掲げられ、そのあと別伝がつづくことで、「一書に曰《あるふみ》はく《い》」とあり、複数の話が次から次へと語られ、どれが本当の話か、まったくわからないのだ。その中でも第五段は「一書《いっしょ》第十二」までつづくから頭を抱えてしまう。

ちなみに、「正史」とは「正しい歴史」ではなく、朝廷が正式に編纂《へんさん》した歴史書の意味だ。朝廷が正当性を主張するために、歴史をねじ曲げていた可能性も、疑っておいたほうがいい。

本来なら『日本書紀』は、王家誕生を神々の世界にさかのぼって証明する目的で書かれたはずなのに、「どれが本当の神話なのかわからない」といっているのは、不自然だ。「これこそ歴史編纂者の良心」という考えには、従うことはできない。神話は歴史改竄《かいざん》、歴史隠蔽《いんぺい》の道具に過ぎなかったのではあるまいか。

それはともかく、正史の神話のあらすじが定まらないのだから、出雲神話そのものの「史的意味」も顧みられることはなかったのだ。

しかし、三十年ほど前に荒神谷《こうじんだに》遺跡（島根県出雲市斐川《ひかわ》町神庭《かんば》西谷《さいだに》）が発見され、史学界は震え上がった。それまで無視してきた出雲から、想像を絶する青銅器《せいどうき》が出現したからだ。時間はかかったが、次第に出雲の存在を認めざるを得なくなったのだ。

だれとは言わぬが、「斬新なアイディアを史学界に提供してきた学者（専門の史学者ではない）」でさえ、かつては中央政府が観念上の神々を出雲に流した（流竄《るざん》した）と推理し、出雲に何かしらの勢力が存在したわけではないと主張していたが、つい数年前にようやく考えを改めている。

「出雲はない」と言い張ってきた「権威（エライ人）」たちが、ようやく、物証を認めるようになったわけだ。

弥生時代後期の倭国大乱《わこくたいらん》の時代からヤマト建国の段階まで、出雲には侮《あなど》ることのできない勢力が存在していたことが、はっきりとしてきたのだ。

伝説の地からお宝が姿を現した

ならば、荒神谷遺跡の、何が、どのように強烈なインパクトを与えたのだろう。

昭和五十八年（一九八三）四月、島根県松江《まつえ》市の中心部から西に三十キロほど入った出雲市（旧簸川《ひかわ》郡）斐川町の農道建設のために、島根県教育委員会と斐川町教育委員が分布調査を行った。この結果、古墳時代後半期の一片の須恵器《すえき》が採集され、「何かがある」ことはわかっていた。

遺跡の名もこの時荒神谷遺跡に決まっていた。「荒神さま」が祀《まつ》られていたことに由来する。古墳時代の集落跡か、横穴墓《おうけつぼ》ではないかと見当はつけられていたのだ。そしてこのあと、荒神谷遺跡から、常識破りの遺物が掘り出されるのだった。

ところで、出雲の考古学が脚光を浴びはじめたきっかけは、それ以前にあった。松江市の岡田山《おかだやま》一号墳（六世紀後半の前方後方墳《ぜんぽうこうほうふん》）から大正四年（一九一五）に出土していた円頭大刀《えんとうたち》を昭和五十八年（一九八三）一月にX線調査した結果、「額田部臣《ぬかたべのおみ》」の銘文が発見されたのだ。「額田部臣」は出雲臣《いずものおみ》（出雲国造家）と同族なのだが、「部」の一文字が刻まれていたことが、部民制《ぶみんせい》や氏族《しぞく》制度の見直しを迫る大発見だった。そしてこのあと、荒神谷遺跡でさらに衝撃的な発見へとつながっていったわけである。

昭和五十九年（一九八四）七月十一日から、荒神谷の発掘調査は始まった。そして予想通り、古墳時代後期の加工段と掘立柱《ほったてばしら》建物跡、須恵器などの遺物が出てき

現在の荒神谷遺跡（出雲市）

荒神谷遺跡での銅剣の取り上げ作業風景（島根県教育庁埋蔵文化財調査センター提供）

た。ただし、本当の大発見は、翌日のことだった。掘立柱建物跡と睨《にら》んでいた試掘《しくつ》坑《あな》のひとつから、青銅器の破片が見つかり、さらに掘り進めると、銅剣《どうけん》が出てきたのだ。しかも、数本が重なっていた。埋納《まいのう》青銅器が見つかること自体、極めて珍しいことだった。それ以上に、ここから先が大事件だった。本格調査が始まると、目を疑うような数の青銅器が出現したからだ。

遺跡は信仰の山・仏経山《ぶっきょうざん》の北側山麓に延びる幾筋もの低丘陵の間に形成された細長い谷の最深部に位置していた。『出雲国風土記《いずものくにのふどき》』大原《おおはらのこおりかむはらのさと》郡神原郷の段に、次の記事が残される。

天《あめ》の下造《したつく》らしし大神《おほかみ》の御財《みたから》を積《つ》み置《お》き給《たま》ひし処《ところ》なり

出雲の大己貴神《おおあなむちのかみ》（大国主神《おおくにぬしのかみ》）の神宝《かんだから》を祀《まつ》り、積み上げた場所だという。このような説話は、だれも信じなかった。しかし、伝説の場所から、まさしく「ザクザク」と、お宝が飛び出してきたのだ。

最初の発見からさらに九十センチ掘り進めると、銅剣が整然と並べられていたのだ。コの字状に掘削された二段のテラス状の下段部から、四列に（意図的に）並べられた三百五十八本の銅剣群（A列三十四本、B列百十一本、C列百二十本、D列九十三本）が姿を現した。ほぼ同型式で、短期間のうちに造られたと思われる銅剣だった。それが、一括埋納されていたのである。

それまでに全国の遺跡から見つかった銅剣の総数が三百本だったから、ひとつの遺跡だけで、それを越えてしまったのだ。「何もあるはずがない」といわれた出雲からである。

銅剣は弥生時代中期末の中細形《なかぼそがた》銅剣Cという型式で、出雲を中心とする山陰地方に特有のものだった。

銅剣は埋納坑の底に、粘土《ねんど》を敷いた上に置かれていた。刃を上下に立て、奥壁と平行に法則をもって置かれていた。A列は鋒《きつさき》の向きを交互に、B列は南の四本が鋒を西に、五番目は東、そのあと交互に、C列とD列は鋒をすべて東に揃《そろ》えてあった。何か、意味があるのだろうか。

また、ほとんどの銅剣の茎《くき》に、「×」の刻印がなされていたことも、大きな特徴のひとつだ。のちに発見される加茂岩倉《かもいわくら》遺跡（島根県雲南《うんなん》市加茂《かも》町岩倉《ちょういわくら》）の銅鐸《どうたく》にも施されていたが、その目的がよくわかっていない。埋納する時、剣や銅鐸に宿る霊威《れいい》が逃げ出さないようにしたのではないか、魔除けの意味が隠されているのではないかなど、いくつかの説が提出されている。

「×」は原則片面に刻印されていたが、二本だけ両面に施されていた。また、両面に「×」が施された銅剣のとなりに、刻印のない銅剣が並んでいるという法則があり、鋳造《ちゅうぞう》時に「×」がつけられたのではなく、埋納するためにあつめられた段階で、刻印された可能性が高い。「×」を刻印して並べる段階で、ミスが出たと考えられるからだ。ここに、銅剣埋納と「×」の謎を解く鍵がありそうだ。

「×」印が刻まれている銅剣（島根県教育庁埋蔵文化財調査センター提供）

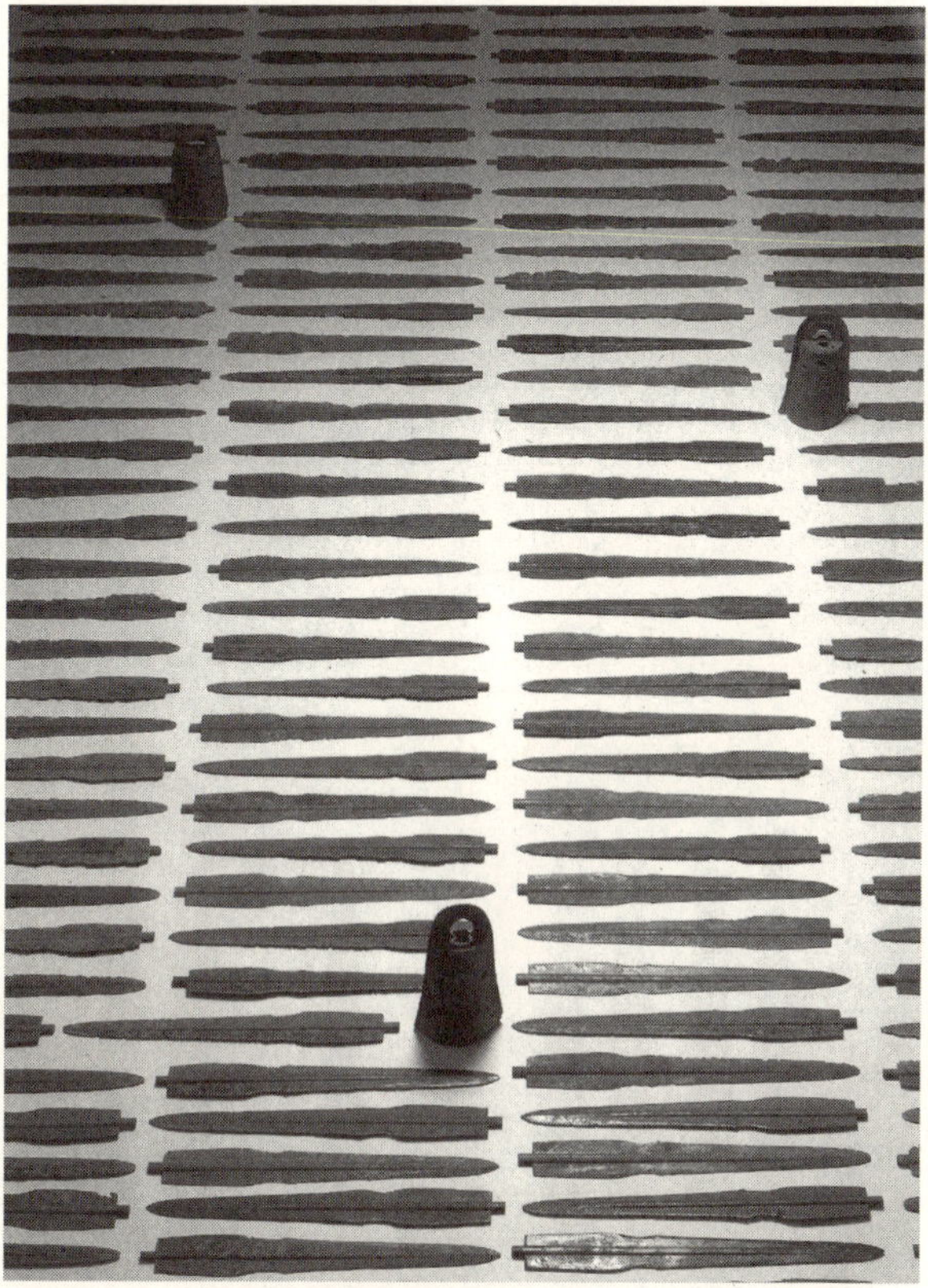

荒神谷遺跡出土の銅剣と銅鐸（文化庁蔵）

加茂岩倉も驚くべき遺跡

ところで青銅器は、時代を経て青く変色してしまうが、造られた当初は、黄銅《おうどう》色《しょく》に輝いている。もっとも古い弥生時代の青銅器は、今川《いまがわ》遺跡（福岡県福津《ふくつ》市）の前期初頭段階の銅鏃《どうぞく》と銅鑿《どうのみ》だが、舶載品《はくさいひん》か、渡って来た銅剣を加工したものと思われる。青銅器が生産される直前の日本列島では、製品の一部を再加工して別の道具を作り出していたのだ。青銅器が作られはじめるのは、弥生前期末葉から中期初頭のことだ。

日本の青銅器の特徴は、武器、祭祀具《さいしぐ》、装身具《そうしんぐ》として使われたことで、とくに祭祀具に特徴がある。当初道具として伝わった銅鐸や銅矛《どうほこ》が、しだいに巨大化したのだ。銅鐸は「鳴らす鈴」だったが、一メートルを超す化け物のような図体を獲得してしまったのだ。日本だけの現象である。それはともかく……。

銅剣大発見の翌年、第二次発掘調査が行われた。すると、銅剣の右手の斜面から、銅矛十六本、銅鐸六個が出土した。これも、常識破りだったのだ。銅鐸と銅剣

荒神谷遺跡で出土した銅矛と銅鐸（島根県教育庁埋蔵文化財調査センター提供）

が同じ遺跡から出土する例はあったが、銅鐸と銅矛の組み合わせははじめてだった。

ちなみに、弥生時代の青銅器文化圏は、九州を中心とする西の銅矛、近畿を中心とする東の銅鐸に分かれていて、出雲はちょうどその中間に当たっていたのだ。

青銅器には序列があって武器型青銅器を頂点に銅矛、銅戈《どうか》、銅剣とつづく。普及させる範囲も制限していたようだ。

「出雲など、絵空事」と唱えていた人たちは、荒神谷遺跡が発見されても、ふたつの文化圏の人びとが、境界の祭祀を執り行っていたのだろうと高をくくったものだ。すなわち、これらの青銅器を埋納したのは出雲の人たちではなく、外からやってきた人たちと決め付けた。たとえば水野正好《みずのまさよし》は、荒神谷遺跡の一帯は出雲臣の地盤で、彼らはヤマトから送り込まれた有力豪族なのだから、件《くだん》の青銅器は、近畿地方で鋳造され、山陰地方に配られたに過ぎないという「揺り戻し」に見える説を唱えた。

一方で森浩一《もりこういち》は、銅剣の数（三百五十八本）と四列の配列が、『出雲国風土記』に登場する神社の数に近いことに注目している。また門脇禎二《かどわきていじ》は、出雲地方に強大な勢力が存在し、五〜六世紀に出雲王国が成立したと推理し、それに先立つ「原イヅモ国」が存在したのだと主張した。

さらに、山陰系土器と呼ばれる弥生後期土器が普及した地域や四隅突出型墳丘墓《よすみとつしゅつがたふんきゅうぼ》（のちに触れる）の分布域に「山陰地方連合体」が成立していたのではないか、とする発想も芽生えはじめた。

荒神谷遺跡が発見されるまで、出雲は、西日本の中でも特別遺跡の少ない地域だった。ところが、荒神谷遺跡発見から十二年後、もうひとつ大きな発見があった。それが加茂岩倉遺跡だ。ちなみに、荒神谷遺跡と加茂岩倉遺跡の地名は「神庭西《かんばさい》谷《だに》」と「岩倉《いわくら》」で、昔から神聖な場所と信じられていたことがわかる。「岩倉」は「磐座《いわくら》」で、神の依代《よりしろ》となる巨岩だ。

平成八年（一九九六）十月十四日、荒神谷遺跡から東南に三・四キロの農道建設工事現場で、騒ぎが起きた。急な斜面を掘るために重機（ショベルカー）を操っていた運転手が、バケットの中に土砂に埋もれた「青いもの」を見つけた。ポリバケツと思ったが、洗ってみると、銅鐸だったのだ。すぐに運転手は請負先の会社に連絡し、発注元の町農林課、町教育委員会へと伝えられ、建設工事は中断され、あわてて発掘が始まったのだ。加茂岩倉遺跡の発見は偶然だったが、運転手の機転も評価されるべきだ。遺跡の破壊は、最小限でくい止められたのである。

銅鐸は全部で三十九個（四十三～四十七センチの大型品が二十個、三十～三十二センチの小型品が十九個）で、銅鐸の中に小さな銅鐸を入れる「入れ子」が初めて確認されもした（十五組三十個）。

荒神谷遺跡の青銅器の数に慣れてしまうと、少なく感じるが、「銅鐸」の場合、それまでひとつの遺跡から出土したのは、大岩山《おおいわやま》遺跡（滋賀県野洲《やす》市）の二十四個が最多だった。銅鐸文化圏の中心地・奈良県から出土した銅鐸の総数も二十個だから、驚きの数である。

また、出土した銅鐸のうち、二十六個の同笵《どうはん》（同じ鋳型で作られたもの）が見つかっていて、畿内のみならず、鳥取や徳島、兵庫、岡山のものも見つかっている。

なぜ出雲に異なる文化圏の青銅器が集められたのか

青銅器の生産地も、おおよその見当はついてきた。銅矛と銅鐸は、弥生時代の二大勢力圏でそれぞれ造られていたことがわかった。銅矛は北部九州で、銅鐸は畿内だ。中細型銅剣Cは、出雲固有のもの。そうなってくると、これら出土品は弥生時代を象徴する祭器・青銅器のオンパレードということになるが、なぜ出雲に、異なる文化圏の青銅器が集まってきたのだろう。そしてなぜ、一括埋納されたのだろう。それはいったいいつごろのことだったのか。

荒神谷遺跡の青銅器は、南側の斜面に規則的に並べられていた。荒神谷のふたつの埋納坑の真上に、建造物があったこともわかっている。これは覆屋《おおいや》と思われる。これらの青銅器は「捨てた」わけではなく、丁寧《ていねい》に、法則的に、互い違いに規則正

加茂岩倉遺跡出土の銅鐸（文化庁蔵）

しく「重ねないで」並べてあり、このような例は中国や朝鮮半島でも見つかってい
て、神仙《しんせん》思想や陰陽思想に基づく呪術的な意味が込められ、祖霊《それい》を奉献《ほうけん》するために
埋納したのではないかとする説がある（勝部昭《かつべしょう》ほか『古代の日本と渡来文化』学生社）。一方で、荒神谷遺跡の銅剣列は、四段のうち二列だけが互い違いになってい
るのだから、呪術性は認められないとする指摘もある（足立克己《あだちかつみ》『日本の遺跡44 荒神谷遺跡』同成社）。

足立克己は、荒神谷遺跡と加茂岩倉遺跡の青銅器の入手時期に注目している。荒神谷の銅鐸と銅矛群は弥生時代前期後半から中期後半にかけて造られたもので、中期中頃から後期初頭に至る加茂岩倉のほうが明らかに新しい。したがって、「これを保有した集団も異なる」と推理した。荒神谷遺跡の青銅器を保有していたのは出雲でも早い段階から中心的な存在で、加茂岩倉は、新興勢力で、計画的に銅鐸を集めていると指摘する。

ここでは「集めている」という言葉がミソで、北部九州や近畿の勢力から「配られた」「与えられた」というこれまでの発想が間違っていたことを指摘しているのだ。

ならば、青銅器はいつごろ、なぜ埋納されたのだろう。

埋納された時期は、正確にはわからない。ただし、青銅器の製造時期から考えて、弥生時代中期末から後期初頭に埋納されていたと考えられている（もっと時代は下るという説もあるが、ここでは深入りしない）。

さらになぜ、大量の青銅器を埋めたのだろう。

次のような考えがある。

（1）外敵に襲われ、祭祀具をあわてて土中に隠した。
（2）豊穣《ほうじょう》の神を祀るために、青銅器を捧《ささ》げ物にした。
（3）青銅の祭祀具を周辺の集落に配っていて、管理は土中でしていた。
（4）埋められていた土地は神聖な場所で、祭事に際し、外に出された。
（5）集落の危機に際し、魔除けの願い（呪術）を込め、外敵や悪霊を追い払うために境界に埋めた。

その後、各地で青銅器を埋納する事例がいくつも見つかり、出雲の特殊事例ではなかったことがわかってきたが、それでも出雲は特別だと思う。日本各地の青銅器祭祀が弥生時代を通じて行われていたのに対し、早い段階で埋納してしまったからだ。ここに、青銅器大量埋納のヒントは隠されていないだろうか。

青銅器祭祀をやめ巨大墳丘墓を造った出雲

出雲では、どこよりも早い段階で青銅器祭祀を取りやめ、四隅突出型《よすみとっしゅつがた》墳丘《ふんきゅう》墓《ぼ》を造営し、首長霊《しゅちょうれい》祭祀をはじめていた。

四隅突出型墳丘墓は方墳《ほうふん》の四隅に三味線のバチのような出っ張りが造られ、ヒトデのような形をしていて、斜面に貼石《はりいし》が張り巡らされていた（例外もある）。出雲に多くの鉄製品が出土するのだが、貼石墓は、朝鮮半島から鉄とともに伝わったらしい。一辺四十メートルから一辺一メートル足らずと、サイズはばらばらだ。

弥生時代中期後半に、まず広島県の内陸部三次盆地《みよしぼんち》で誕生したと、考えられていた。陣山墳墓《じんやまふんぼ》群（三次市四拾貫《しじっかん》町）が有名で、四隅突出型墳丘墓が五基見つかっている。ところが、出雲市東林木町《ひがしはやしぎちょう》の青木《あおき》遺跡から、それよりも古いと思われる

四隅突出型墳丘墓の西谷3号墓（出雲市）

西谷3号墓復元模型（島根県教育委員会蔵）

四隅突出型墳丘墓が発見されている。四隅突出型墳丘墓は弥生時代後期後半になると、島根県東部と鳥取県西部を中心とする山陰地方で盛行し、やや遅れて北陸にかけて伝播《でんぱ》した。

ヤマト建国時には、四隅突出型墳丘墓の「貼石」がヤマトにもたらされ、前方後円墳の葺石《ふきいし》に採用されたのではないかと考えられている。

弥生墳丘墓といっても馬鹿にできない大きさだ。有名な西谷《にしだに》墳墓群（出雲市大津《おおつ》町《ちょう》）には、一辺四十メートル級の巨大墳丘墓が二基存在する。しかも、高台に造られているから、日本海を見下ろす絶景が楽しめる。遠くから、「貼石の照りかがやく首長の墓」が見えるように考えられていたのだろう。

墳頂部《ふんちょうぶ》の遺体を埋めた穴から、供献土器群《きょうけんどきぐん》（埋葬の儀式に使われていた）が見つかっていて、その内の三分の二が山陰系で、残りは吉備《きび》（岡山県と広島県東部）の特殊器台《とくしゅきだい》・壺《つぼ》だった。また、丹後《たんご》と北陸の土器も見つかった。当時の広域ネットワークの存在がうかがい知れる。

副葬品《ふくそうひん》も、それまでの首長墓とは比べものにならなかった。大量の朱《しゅ》が敷かれ、鉄製の短剣、ガラス製のネックレスの管玉《くだたま》、ガラス製のコバルトブルーの前代未聞の珍品「異形勾玉《いぎょうまがたま》」などの玉類《ぎょくるい》二百個などが副《そ》えられていた。

さらに、塩津山《しおづやま》墳墓群（島根県安来市《やすぎ》）や西桂見《にしかつらみ》墳墓群（鳥取県鳥取市）に、有数の四隅突出型墳丘墓が存在する。

荒神谷遺跡、加茂岩倉遺跡の青銅器埋納から四隅突出型墳丘墓盛行の間に、時間差があるのはなぜだろう。これは、いまだによくわかっていない謎だ。この間、どのような祭祀形態を採用していたというのか。それまでの青銅器祭祀と墳丘墓の首長霊祭祀の間に、どのような「過渡期」があったのか、判然としない。しかし、ひとつだけわかることは、「何もない」といわれていた出雲には、これまで想像できなかった（神話

西谷３号墳から出土した吉備系の特殊器台と特殊壺（島根大学法文学部考古学研究室蔵）

にはしっかりと記されていたのに）大きな勢力が存在したということなのだ。

また、三世紀初頭にヤマトの纒向《まきむく》（奈良県桜井《さくらい》市）にいくつもの地域の首長が集まり、三世紀後半から四世紀にかけて、ヤマトが建国されるが、この流れの中で、出雲が大きな役割をはたしていたこともはっきりとしてきたのだ。

出雲神話のあらまし

ここで少し、出雲神話についても、簡単に触れておかなければならない。史学者が見向きもしなかった「神話」の内容を知らなければ、史学者の「常識」に対する反論もできない。

神話といえば、『古事記《こじき》』が有名だが、ここでは、正史『日本書紀』の神話（しかも本文）を中心に追っておく。神話がわからなければ、そのあとの歴史も解明できないし、考古学がいくら重要な物証を突きつけても、その意味を知ることはできないと思う。

さて、神話は宇宙の混沌からはじまり、神、国常立尊《くにのとこたちのみこと》が天と地の間に生まれ、その後イザナキ（男神《おがみ》）とイザナミ（女神《めがみ》）が登場する。彼らは日本の国土を造成し、神々を生みだした。最後に産まれ落ちた子が、光り輝き四隅《よすみ》を照らす天照大神《あまてらすおおみかみ》（元々の名は大日孁貴《おおひるめのむち》。女性の太陽神）と、月神（月読尊《つくよみのみこと》）、ヒルコ（蛭児《ひるこ》）とスサノヲだ。ちなみにヒルコは太陽神的性格をそなえていて「ヒルメ＝大日孁貴」とセットと考えられているが、不具だったため、捨てられた。

スサノヲは勇ましく残忍な性格で、また泣いてばかりいたので、根《ね》の国《くに》（地下の死者や祖霊の国）に追いやられた。

スサノヲは、根の国に行く前に、一目姉に会っておきたいと願い、天上界（高《たか》天原《あまのはら》）に向かった。すると大海原は揺れ、山は鳴動した。天照大神は「国を奪うつもりでは」と警戒した。するとスサノヲは、「誓約《うけい》」によって身の潔白を晴らそうとした。産まれ落ちた子が男子だったら、邪心がない証拠という神占《かみうらな》いだ。結局、天照大神はスサノヲの十握剣《とつかのつるぎ》から、田心姫神《たごりひめのかみ》・湍津姫神《たぎつひめのかみ》・市杵島姫神《いちきしまひめのかみ》（宗像三神《むなかたさんしん》。女神）を産み、かたやスサノヲは、天照大神の髻《みずら》・鬘《かずら》（髪）と腕に巻いた八坂瓊《やさかに》の五百箇御統《いおつみすまる》（大きな玉を連ねた飾り）から正哉吾勝勝速日天忍穂耳尊《まさかあかつかちはやひあまのおしほみみのみこと》（天皇家の祖）と天穂日命《あまのほひのみこと》（出雲国造家《いずもこくそうけ》の祖）ら五柱の神が生まれた。

この結果、スサノヲの潔白は証明されたが、増長したスサノヲは、暴れ回り、驚いた天照大神は天石窟《あまのいわや》に閉じこもり、世界はまっ暗になってしまった。八十神《やそかみ》たちは相談し、天石窟の前で祭りをし、天照大神をおびき出した。スサノヲはこのために、地上界に追放されてしまう。

出雲国簸川《ひのかわ》（島根県斐伊川《ひいかわ》）に舞い下りたスサノヲは、八岐大蛇《やまたのおろち》退治をして奇稲《くしいな》田姫《だひめ》を救い、清地《すが》（須賀《すが》）に宮を造った。奇稲田姫から産まれた子が、オオナムチ（大己貴神《おおあなむちのかみ》、大国主神《おおくにぬしのかみ》、葦原醜男《あしはらのしこお》、大物主神《おおものぬしのかみ》）で、スサノヲは後事を子に託し去って行く。

天上界では天照大神の子・正哉吾勝勝速日天忍穂耳尊と高皇産霊神《たかみむすひのかみ》の娘の間に天《あま》津彦彦火瓊瓊杵尊《つひこひこほのににぎのみこと》（以下ニニギ）が生まれていて、高皇産霊神はニニギを葦原中《あしはらのなかつ》国《くに》の君主に立てようと考えた。しかし、地上界には邪神《あしきかみ》がいたので、天穂日命をさし向けた。しかし天穂日命はオオナムチに媚《こ》びへつらい、復命してこなかった。その後も神を送るが埒《らち》が明かない。そこで切り札に、経津主神《ふつぬしのかみ》と武甕槌神《たけみかづちのかみ》が選ばれた。彼らは出雲の五十田狭《いたさ》の小汀《おはま》に舞い下り、オオナムチに国譲りを迫り、オオナムチと子のコトシロヌシ（事代主神《ことしろぬしのかみ》）は、従順に従ったのだった。

こうして高皇産霊神はニニギを真床追衾《まとこおうふすま》（玉座を包む衾）にくるんで地上界に降臨させた……。

これが、出雲神話のあらましだ。

『出雲国風土記』の神話は事実？

かつて、「記紀（『古事記』と『日本書紀』）神話を歴史とみなすわけにはいかない」と言っていた史学者たちも、「『風土記』の神話は別」と考えていた。記紀神話が中央で作られた政権にとって都合の良いお伽話《とぎばなし》とすれば、『風土記』に載る神話は、出雲土着の本来の伝承であり、こちらは重視すべきだ、といっていたのだ。

『風土記』は和銅《わどう》六年（七一三）に各地に編纂《へんさん》が命じられた。一言でいえば、各地の公の地誌《ちし》ということになる。しっかりした形で残っているのは、わずかに「常陸国《ひたちのくに》」「播磨国《はりまのくに》」「出雲国《いずものくに》」だけだ。その中でも、『出雲国風土記』は、奇跡的に完本に近い形で残ったのだった。

『出雲国風土記』に載る神話の中で有名な話は国引き神話で、古代出雲の中心（ヤマト建国後の話）意宇郡《おうのこおり》（島根県松江市と安来市《やすぎ》とその周辺）の段で語られている。意宇の地名起源説話《ちめいきげんせつわ》で、内容は以下のとおり。

あるとき八束水臣津野命《やつかみずおみつののみこと》（『日本書紀』には登場しない神）は次のように詔した。「八雲立《やくもた》つ出雲の国は、幅の狭い布のように若く小さく造られた。だから、縫い合わせなければならない」

八束水臣津野命がまず目をつけたのは、日本海の対岸、朝鮮半島東南部の新羅《しらぎ》で、余った土地はないかと眺めると、岬が余っていた。

童女《おとめ》の胸のような平らな鉏《すき》で、大きな魚のエラをつき分けるように、新羅の地を刻んで、三本を縒《よ》って作った太い綱をひっかけ、ゆっくり慎重に「国よ来い、国よ来い」と引き寄せた。こうして縫い合わせた国が、「去豆《こづ》の折絶《おりたえ》（出雲市小津《こづ》）」から「八穂爾支豆支《やほにきづき》の御碕《みさき》（同市大社町日御碕《たいしゃちょうひのみさき》）」にかけての地だった。この時つなぎ止めた杭は、石見国《いわみのくに》（島根県西部）と出雲国の境にある佐比売山《さひめやま》（三瓶山《さんべさん》）だった。引いた綱は「薗《その》の長濱《ながはま》（神門郡《かむどのこおり》北部の海岸）」になった。

次に、北門《きたど》の佐伎《さき》の国（出雲北方の出入り口の意）に余った土地はないかと眺めると、余っていたので、これを引き寄せた。これが多久《たく》の折絶《おりたえ》（松江市鹿島町《かしまちょう》）か

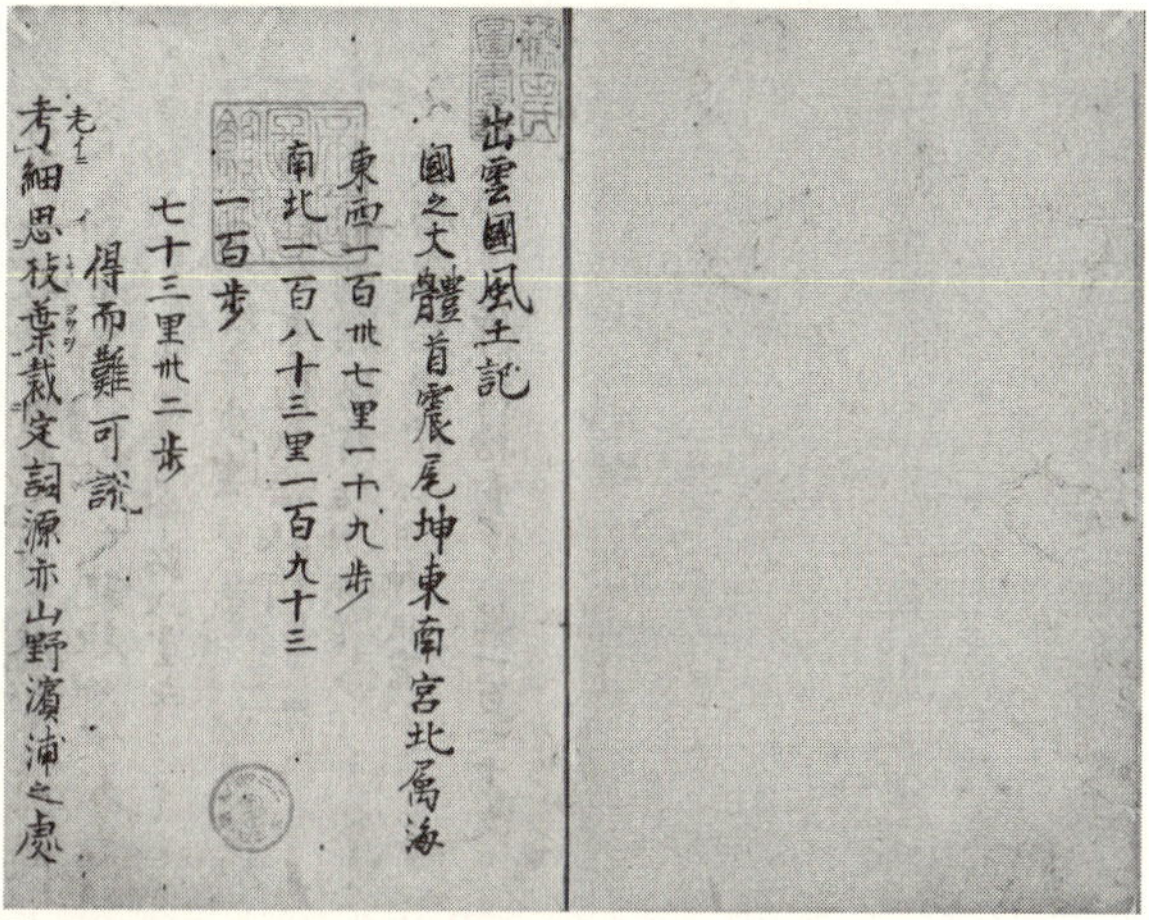
出雲國風土記
國之大體首震尾坤東南宮北屬海
東西一百卅七里一十九歩
南北一百八十三里一百九十三
一百歩
七十三里卅二歩
得而難可誤
老細思枝葉裁定詞源亦山野濱浦之處

『出雲国風土記』（国立国会図書館蔵）

ら狭田《さだ》の国（同市鹿島町佐陀本郷《さだほんごう》）に至る場所だ。

次に、北門の農波《のなみ》の国（松江市島根町野波）から土地を引っ張ってきた。宇羽《うは》の折絶（松江市東北端の手角《たすみ》？）から闇見《くらみ》の国（松江市本庄町《ほんじょうちょう》新庄《しんじょう》）がこれであった。

次に、高志《こし》（越《こし》）の都都《つつ》の三埼《みさき》（能登半島の北端珠洲岬《すずみさき》？）の余った土地を引っ張って造ったのが三穂《みほ》の埼（美《み》保関町《ほのせきちょう》）で、このときの綱が夜見《よみ》の嶋《しま》（弓ケ浜《ゆみがはま》）だ。そして、打ち込んだ杭は伯耆国《ほうきのくに》（鳥取県西部）の火神岳《ひのかみだけ》（大《だい》山《せん》）である。

こうして、「今はもう、国を引き終

えた」と述べた八束水臣津野命は、意宇の社に御杖《みつえ》をつきたてて、「おゑ」と声を発した。それで、この地を「意宇《おう》」と呼ぶようになったという。これが、出雲国引き神話のあらすじである。

まったく、デタラメとは思えないのは、新羅や高志(越)が、登場しているからだ。四隅突出型墳丘墓は、出雲で盛行し、海づたいに東に伝播し、丹波《たんば》周辺を飛び越し、北陸に伝わっている。朝鮮半島東南部の新羅と出雲も、強い接点がある。『日本書紀』の神話の一書《いっしょ》(別伝)には、スサノヲが天上界から一度新羅に舞い下り、「ここにいたくない」といい、日本に渡って来たと記される。『風土記』の場合、出雲が新羅の土地を引っ張ってきたという。現実に、出雲には、朝鮮半島南部から多くの文物が流れ込んでいる。これらの伝統と歴史を、『風土記』編者はわかって書いているのだろう。

出雲を平定したのは出雲国造家?

記紀神話は国家の政治的思惑によって創作され、『出雲国風土記』の神話は出雲の土着の伝承と、今まで信じられてきたのだ。だから、記紀神話よりも『出雲国風土記』のほうが、出雲の原風景を描写しているということになる。

しかし、地方には地方なりの政治的思惑があるだろう。『出雲国風土記』を編纂したのが出雲国造家《いずもこくそうけ》（出雲臣）で、神話の時代から、この一族は「じつに怪しい動き」をしつづけてきた。

出雲国造家といえば、今でこそ出雲の西側の出雲大社の神官として名高いが、実際には、出雲東側の意宇に拠点を構えていたのだ。国引き神話は意宇の話で、ここに、「出雲国造家が出雲を造ってみせた」という暗示が隠されているように思えてならない。

出雲国造家は、出雲の謎を解くキーマンだ。『日本書紀』神話によれば、出雲国造家の祖・天穂日命は天孫《てんそん》族の一員として出雲に送り込まれたが出雲に同化してしまったとある。ところが、『出雲国《いずものくにの》造《みやつこの》神賀詞《かむよごと》』には、出雲臣の遠祖・天穂比《あめのほひの》命《みこと》（天穂日命）は、子の天夷鳥命《あめのひなとりのみこと》に布都怒志命《ふつぬしのみこと》（経津主神《ふつぬしのかみ》）を副えて遣わし（『日本書紀』では、経津主神と武甕槌神《たけみかづちのかみ》のコンビだったが）、出雲を平定したとある。こちらでは、出雲国造家の祖は、出雲に同化するどころか、積極的に平定に乗り出している。この差は、なぜ生まれたのだろう。

さらに、『出雲国風土記』の巻末には、国造で意宇郡大領《たいりょう》でもある出雲臣広嶋《いずものおみひろしま》の名がある。出雲臣が関与した『出雲国風土記』の中で、出雲の国譲りがまったく語られなかったことも不思議だ。出雲臣、出雲国造家は、出雲を平定し、支配する側だったのか、あるいは『日本書紀』や『古事記』の神話の語るように、派遣はされたが、出雲に同化してしまったのだろうか。

嘘は、単純に考えればすぐにばれるのだ。もし仮に天穂日命が『日本書紀』の言うように天上界を裏切り出雲に同化し、その後出雲が滅んでいたのなら、のちの時代に、天穂日命の末裔《まつえい》に出雲の統治を委ねることはなかっただろう。これは明らかな矛盾であり、『出雲国造神賀詞』が語るように、出雲国造家の祖が出雲を平定していたと考えれば、矛盾がない。それにもかかわらず『日本書紀』が「天穂日命の矛盾する立場」を神話で描いたのは、何か大切な歴史を、抹殺するためではなかったか。

ちなみに、出雲の国譲りは絵空事ではなく、何かしらの歴史を反映していたであろうことは、考古学が突きとめている。

四隅突出型墳丘墓が盛行した当時、出雲西部を中心に、大きな勢力が存在していたことは間違いないが、ヤマト建国の直後、突然衰退していたことがわかっている。かつて栄えていた集落が、忽然《こつぜん》と消えてしまったのだ。そして、東側の意宇の地域に、国の中心は移っている。この東側に根を張った勢力が、出雲国造家なのだ。やはり、ここに「出雲の盛衰」がみてとれる。

このあたりの謎解きは、再び触れようと思う。要は、「出雲の謎は出雲だけ見ていてもわからない」ということであって、まず、謎多き出雲から、視野を他の遺跡に転じておかなければならないと思う。

第四章

吉野ヶ里遺跡——伊勢遺跡／唐古・鍵遺跡との弥生三都物語

奇跡的なヤマト建国の真相を闇に葬った『日本書紀』

話はヤマト建国の直前を代表する三つの遺跡に変わる。

発見当初は話題になりながら、次第に忘れ去られていく遺跡は残念ながら数多くある。それならまだしも、その真価が周知される前に、破壊されてしまう遺跡も、ひとつやふたつではない。愛知県の朝日《あさひ》遺跡（清須《きよす》市・名古屋市西区にまたがる）は、その典型例だろう。弥生時代を代表する東海地方最大級の環濠集落《かんごうしゆうらく》遺跡で、縄文時代末期から弥生時代にかけて、繁栄を誇った。

もともと名古屋第二環状自動車道の清洲《きよす》ジャンクション建設のために発掘されたから、調査が済むと、吉野ヶ里《よしのがり》遺跡のように復元保存されることもなく、埋め戻されてしまったわけである。

けれども、遺跡の価値が低かったわけではなく、遺物から多くの新知見がもたらされたのだった。

このように、「知っているようで知らない」、「大騒ぎしたが、忘れてしまった」

遺跡は数知れず。吉野ヶ里遺跡も、佐賀県の努力できれいに残されたが、「邪馬台《やまたい》国《こく》発見!?」と騒がれていた時のような人気は、もはやない。

残念なことに、邪馬台国と関係があるかないかで、遺跡の人気度に差が出るように思えてならない。しかし極論すれば、「邪馬台国論争など、どうでもいい」と思う。「われわれが本当に知りたいのは、邪馬台国がどこにあったかではなく、なぜヤマトが建国され、ヤマトに祭司王《さいしおう》（大王《おおきみ》、天皇の原型）が生まれたのか」であり、各地の遺跡は、これを解き明かすための貴重な物証だったにもかかわらず、「邪馬台国とは関係ない」ということになると熱が冷めてしまう。その結果、議論は堂々巡りをくり返し、なかなか本質にたどり着けていない。

文字のない時代を解明するために、遺跡や遺物を根拠に推論を働かさなければならない。そのために、考古学者は地道な作業をくり返している。その努力を無駄にはできないのである。

さらに、「文字がない時代」とはいいつつも、実際には弥生時代の歴史は、文字に残っているのではないかと思えてくる。少なくとも『日本書紀』編者は、弥生時代後期から、神武東征《じんむとうせい》、ヤマト建国に至る歴史を、ある程度把握していた可能性が高い。というのも、『日本書紀』は西暦七二〇年に編纂《へんさん》されたが、この時代の為政者は、ヤマト建国のいきさつをよく知っていて、だからこそ『日本書紀』編者は、真相を闇に葬るために、歴史を神話にすり替え、その一方で、真実をねじ曲げて、肝心な場面を抹殺《まっさつ》してしまったのではないかと思えてならないのである。

すでに触れた出雲《いずも》の国譲りも、「真実を闇に葬るトリック」に満ちていると思う。

まず、ヤマト建国直前の日本列島の様子を中国の史料は、「倭国乱《わこくのらん》」「倭国大乱《わこくたいらん》」と表現していた。『後漢書《ごかんじょ》』東夷伝《とういでん》には、「桓霊《かんれい》の間（一四六〜一八九）、倭国大いに乱れ、更《こも》ごも相攻伐《あいこうばつ》し、歴年主無し《れきねんあるじ》」とある。ところがこのあと、三世紀初頭から四世紀にかけて、人びとはヤマトに集まり、平和裡《へいわり》に新たな連合体を構築していったのだ。そしてなぜか、そのあと出雲は衰退していく……。まるで、スサノヲの大暴れと、そののちの天上界と葦原中国《あしはらのなかつくに》（出雲）の主導権争いのようなことが、実際に倭人の生活圏で起きていたわけである。

ちなみに、邪馬台国は、二世紀後半から三世紀にかけて日本列島のどこかに存在したのだが、ここで問題になるのは、ヤマト建国こそ、奇跡的な出来事で、なぜ、「大乱」だった倭国が、一気にまとまったのか、ということだ。そして『日本書紀』

神話は、この「摩訶不思議《まかふしぎ》な政変劇」の真相を、闇に葬ってしまったのではあるまいか。

ヤマトの王家を構成する人びと

『日本書紀』はヤマト建国で大活躍した地域を故意に抹消している。歴史から消し去ってしまっている。

神話に登場するのは「出雲」「南部九州（日向《ひむか》）」だ。出雲の国譲りののちニニギが天孫降臨《てんそんこうりん》を果たし、南部九州で天皇家の祖神《そしん》たちは暮らすことになり、神武天皇は日向からヤマトに向かっている。だから、ヤマト建国に至る歴史は、「出雲」「日向」「ヤマト」だけでほぼ完結している。

ところが、ヤマト発祥の地・纒向《まきむく》遺跡（奈良県桜井《さくらい》市。のちに詳述）の様子がわかってくると、ヤマトにはいくつもの地域の人びとが集まっていたことがわかってきたのだ。たとえば、出雲もその一員だったが、出雲よりも大きな地位を占めていたのが、吉備《きび》と尾張《おわり》（東海地方）であった。しかし、『日本書紀』はこれらの地域を無視している。

ここで改めて注目すべきは『日本書紀』の記事だ。神武東征以前、ヤマトには饒《にぎ》速日命《はやひのみこと》なる者がいずこからともなく天磐船《あまのいわふね》に乗って舞い下りてきたとある。天上界から降《ふ》ってきたことになっているが、「どこからやってきたかわからない」から天上界にしたのではなく、「本当はどこからやってきたのか教えたくなかった」のではないか。

また饒速日命は、先住の長髄彦《ながすねびこ》の妹を娶《めと》り君臨していたと記す。『日本書紀』は長髄彦の出自を明示していないが、筆者は「尾張系」とみる（拙著『神武東征とヤマト建国の謎』ＰＨＰ文庫）。

問題は饒速日命の出身地で、おそらく彼は吉備からやってきたと思われる。饒速日命の末裔《まつえい》の物部《もののべ》氏が拠点を構えていた大阪府八尾《やお》市では、三世紀の独特な吉備系土器が見つかっている。物部氏は王家の祭祀に深く関わりをもったが、第五章で詳述するように、ヤマトの祭祀様式を整えたのは、吉備だった。饒速日命は吉備の埋葬文化を携《たずさ》えてヤマトに乗り込んだのだろう。

ここまで整理できた段階で、次に問題となるのは、物部氏と尾張氏の問題だ。

『日本書紀』は尾張氏について、神話の時代にさかのぼり、「天皇家と同族」と主張しているが、物部系の『先代旧事本紀《せんだいくじほんぎ》』は、「尾張氏は物部氏と同族」と言っている。どちらかが嘘をついていることになるが、筆者は、「どちらも同じことを言っている」とみなす。

『日本書紀』は饒速日命と長髄彦が婚姻関係を結び、のちに神武がヤマトに入ると、出雲系の女性を娶ったと言っている。わかりにくい図式だが、要はヤマト黎明《れいめい》期の政局が流動化したものの、主導権争いが深刻化しないように、主導者たちが「血の交流」を押し進めていたということだろう。この過程で、ヤマトの王や取り巻きたちは、「同族といえるほどの近さ」を形成したのであって、この閨閥《けいばつ》こそが、ヤマトの王家の実態だったと思われる。すなわち、長髄彦（尾張系）が饒速日命（物部）に妹を差し出し姻戚関係を結んで原初のヤマトの指導層が誕生し、その後この閨閥が神武の王家（天皇家）と交わったと考えるとわかりやすい。

尾張を抹殺した『日本書紀』

物部（吉備）と尾張（東海）のつながりを『日本書紀』はいくつものカラクリを用意し、消そうとしている。そのひとつが出雲神話だ。

出雲神話の中で「天穂日命《あまのほひのみこと》が役立たずだったので、最後の切り札に経津主神《ふつぬしのかみ》と武甕槌神《たけみかづちのかみ》が遣わされた」と話は進むが、経津主神は物部系で、武甕槌神は尾張系とする説がある。

私見どおり長髄彦が尾張系で饒速日命（物部系）とつながっていたのなら、出雲の国譲りは「黎明期のヤマトの主導権争いの中で、出雲がつまはじきになった事件」と想定できる。しかも仕掛けたのは吉備と尾張である。

島根県大田《おおだ》市に物部神社が鎮座している。ここは旧石見国《いわみのくに》の東の端で、すぐとなりが旧出雲国なのだが、伝承によれば、神武東征ののち、饒速日命の子の宇摩志麻《うましま》遅命《ぢのみこと》は尾張氏の祖の天香語山命《あまのかごやまのみこと》とともに越《こし》に赴き、平定すると、天香語山命は越に留まり（ここが弥彦《いやひこ》神社となる。新潟県弥彦村）、宇摩志麻遅命は石見の地に舞

物部神社（大田市）

い下りた。出雲を監視するためだったという。

この神社伝承、ほとんど無視されたままだが、笑殺できないものがある。ヤマト建国の中心的役割をはたしていたのが「物部」と「尾張」だったこと、「ヤマトの中心に立っていたふたつの勢力が、出雲を追い落とした」という「遠い記憶」が、神社伝承になって残されたのではなかろうか。後世の創作にしては、矛盾がないのである。

問題は、「吉備＋尾張VS.出雲」という図式の意味するところだ。それは、瀬戸内海と太平洋側がタッグを組んで、日本海勢力を追い落としたということだろう。すなわち、ヤマト建国には各地の首長が仲良く協力したが、いったん国の枠組みができてしまうと（たとえそれがゆるやかな紐帯《ちゅうたい》とはいえ）、流通の主導権を巡って、争いが勃発したということだろう。つまり、出雲の国譲り神話とは、日本海と瀬戸内海の主導権争いの説話化だった可能性が高いのである。

興味深いのは「尾張氏」で、なぜかこの一族は何度も歴史から抹殺されているのだ。

時代はだいぶ下るが、古代史最大の争乱・壬申《じんしん》の乱（六七二）で、大海人皇子《おおあまのみこ》は数人の舎人《とねり》（下級役人）らとともに東国に逃れ、近江《おうみ》朝の大友皇子《おおとものみこ》と対決したが、勝てるはずのない乱を大海人皇子が制したのは、尾張氏がいち早く加勢を表明したからだ。しかし、『日本書紀』は、この功績と行動を、まったく抹殺してしまった。なぜ「尾張」は、歴史の大転換点になると活躍し、しかもその功績を剝奪《はくだつ》されてしまうのだろう。

『日本書紀』はヤマト建国の詳細を熟知していて、わざと「尾張の歴史」を抹殺し、しらばっくれたのだとしたら、ここに、大きな秘密が隠されているわけで、その意味を文献から説き明かせないのならば（湮滅《いんめつ》されてしまったのだから）、物証を突きつけるほかはないわけである。しかもそれは、「尾張」に限った話ではない。たまたま「隠された尾張」が「目立っていた」ために、歴史隠匿《いんとく》の事実に気づいただけで、ひとつの嘘が別の嘘を求め、嘘が嘘を生む連鎖の中で、いくつもの闇が、歴史記述の中に生まれていったのだろう。

巨大な近江の伊勢遺跡

そこでまず多くの人に知っていただきたいのが、伊勢《いせ》遺跡（滋賀県守山市《もりやまし》と栗東市《りっとうし》にまたがる）なのである。

伊勢遺跡といっても、一般にはほとんど知られていないし、近江（滋賀県）の古代史もほったらかしだ。琵琶湖《びわこ》を利用した水運が発達し、豊かな土地だったにもかかわらずこれまで近江が注目されてこなかったのは、邪馬台国論争や纒向遺跡にばかり目を奪われていたからだろう。しかし伊勢遺跡は、吉野ヶ里《よしのがり》遺跡や唐古《からこ》・鍵《かぎ》遺跡と並ぶ、弥生時代最大級の環濠集落なのだ。しかも、弥生時代後期の倭国大乱の時代に栄えたという特徴がある。近畿地方の巨大環濠集落は、弥生中期に解体されて霧散してしまっていたのだ。そのあとに近江に巨大遺跡が出現したところに、大きな意味があった。それだけならまだしも、ヤマトの地に纒向遺跡が出現したころ、なぜかしぼむように衰弱してしまったのだ。伊勢遺跡の勢力がヤマトに敗れてしまったのではないかと考えられがちだが、そうではなく、伊勢遺跡の人びとがヤマトに移動した可能性も疑ってみたほうがよい。

昭和五十五年（一九八〇）、東海道本線栗東《りっとう》駅の北東側の微高地《びこうち》から、遺跡は見つかった。ほぼ東側に、三上山《みかみやま》がそびえる。その後の発掘調査の結果、興味深い事実が次々と明らかになっている。

東西約七百メートル、南北約四百五十メートル。面積約三十ヘクタールの楕円《だえん》形の環濠集落で、集落の西側には、有力者を埋めたと思われる方形周溝墓《ほうけいしゅうこうぼ》があった。

興味深いのは、塀（柵）で仕切られた方形区画で、大型の掘立柱《ほったてばしら》建物一棟、独《どく》立棟持柱《りつむなもちばしら》建物三棟が威風堂々と居並んでいた。ここは環濠集落の中で特別な場所に見える。王の居館のイメージだ。

伊勢遺跡で特徴的なのは、集落の中心部に直径約二百二十メートルの円状に独立棟持柱建物と、屋内に棟持柱を備えた大型建物が並んでいることだ。みな中心に向

伊勢遺跡（守山市）

かって建てられていたことも謎めく。

ちなみにこの円周状《えんしゅうじょう》の建物群の外側に、床面積が百八十五平方メートルの大型竪穴《たてあな》建物が発見されていて、壁にはレンガ（磚《せん》。四十センチ×三十センチ×厚さ八センチ）が張り巡らされていた。これが、日本でもっとも古いレンガだ。それまで最古とされていた国産レンガは、八世紀の東大寺梵鐘《ぼんしょう》遺構のものだった。近江の地に、意外な文化が花開いていたのである。

また、円周状の建物群の中心部に、三間×三間の楼観《ろうかん》が屹立《きつりつ》していた。「独立棟持柱」はのちの時代の伊勢神宮と同じ型式だから、無視できない。

それだけではない。確認できたのは中央の建物とそれを「歯抜け」のような形で囲む六棟だが、実際には、約十八メートル間隔で三十棟前後存在していたと思われる。円形祭殿群とも言うべき異様な空間である。

伊勢遺跡がほとんど知られていないというのも、残念な話だ。

伊勢遺跡は邪馬台国なのか？

伊勢遺跡を邪馬台国論争と関連づけようという考えもある。円周状の建物群が「三十棟」で構成されていたこと、「魏志倭人伝《ぎしわじんでん》」の記事に、当時倭国には三十の国が分立していたとあって、その中心に立っていたのが邪馬台国だったとある。伊勢遺跡はまさにこれの記事に合致している。すなわち、各地の首長が集まって、伊勢遺跡で会議を開いたというのである。

この場合、邪馬台国近江説になるわけで、邪馬台国が近江から拠点を纒向に移したということになるのだろう。

すでに述べたように、纒向の出現とともに伊勢遺跡は衰退していったが、この時野洲川《やすがわ》流域に近畿と東海の銅鐸《どうたく》を集め、埋納《まいのう》していた。それが「野洲の銅鐸」だと

「野洲の銅鐸」として知られる大岩山銅鐸（滋賀県教育委員会提供）

いうのだ。出雲では、もっと早くから青銅器《せいどうき》が集められていたが、近江では、ヤマト建国の時代に、青銅器を一括埋納したというわけだ。ちなみに近江でも、銅鐸の入れ子は見つかっている。近江がこの一帯で大きな役割を担っていたことは、間違いないだろう。

また、これは後々重要な意味を持ってくることなので付記しておくと、伊勢遺跡から九棟の五角形住居が見つかっているが、これは、日本海沿岸の島根、鳥取、石川、富山県でも出土している。近江と日本海のつながりが注目されるのだ。もちろん、琵琶湖の水運を利用して、峠を越えればすぐ日本海に出られる。そうなると、邪馬台国畿内説を論じるなら、近江についても言及しなければならなくなるのではあるまいか。

ところで、「魏志倭人伝」には、邪馬台国の卑弥呼《ひみこ》が「南側の狗奴国《くなこく》と争っていた」と記されている。この狗奴国こそ、東海地方（尾張）に存在していたのではないか、というのだ。邪馬台国畿内論者にとって、この考えは、ほぼ定説に近い。その根拠は、以下のとおり。

邪馬台国畿内論者は、「魏志倭人伝」の「北部九州から南に邪馬台国はある」という記事を、「南は東と読むべき」と解釈しているから、「卑弥呼の倭国は南側の狗奴国と戦った」という記事も同様に、「ヤマト（倭国、邪馬台国）の東の狗奴国」と読みなおす。そこで、奈良盆地からみて東にあたる尾張を狗奴国と考えるのだ。ヤマト（倭国）と尾張（狗奴国）の争いの最中、卑弥呼は死んだことになる。

しかし、近江と尾張の地域が争っていたとは考えられず、邪馬台国畿内説の主張に従えば、「倭国の東の狗奴国」は、尾張よりもさらに東に位置していたことになる（しかしだからといって、筆者は邪馬台国畿内説をとるわけではないが）。

邪馬台国発見と騒がれた吉野ヶ里遺跡《よしのがりいせき》

次に紹介するのは、吉野ヶ里遺跡（佐賀県神埼《かんざき》郡吉野ヶ里町）だ。

吉野ヶ里遺跡の発見が衝撃的だったのは、「邪馬台国があってもおかしくはない場所」「邪馬台国にふさわしい場所」で、「魏志倭人伝」の記事を彷彿させる遺跡だったからである。

平成元年（一九八九）二月二十三日、全国紙とＮＨＫが、吉野ヶ里遺跡発見を報じた。しかも、「邪馬台国かもしれない!!（ニュアンスはもう少し断定的だった）」と切りだしたから、大騒ぎになったのだ。卑弥呼の集落にそっくりだ、というのだ。

根拠はなんだろう。

「魏志倭人伝」には、卑弥呼の居館について、「宮室《きゅうしつ》、楼観、城柵を厳《おごそ》かに設け」とあるが、環壕と物見櫓《ものみやぐら》を備えた吉野ヶ里遺跡は、この記述に合致するとみなされたわけである。

考古学者のみならず、史学者たちも仰天した。マスコミや学者の吉野ヶ里詣《もう》でが、ここから始まるのである。

吉野ヶ里遺跡は、すでに大正時代末に地元では知られていた。弥生土器の破片が、続々と出土したのだ。もちろん、今日われわれが知っている遺跡の規模ではないし、重要性はほとんどわかっていなかった。昭和初期以降、青銅器全国にも知られていくようになるが、

吉野ヶ里遺跡

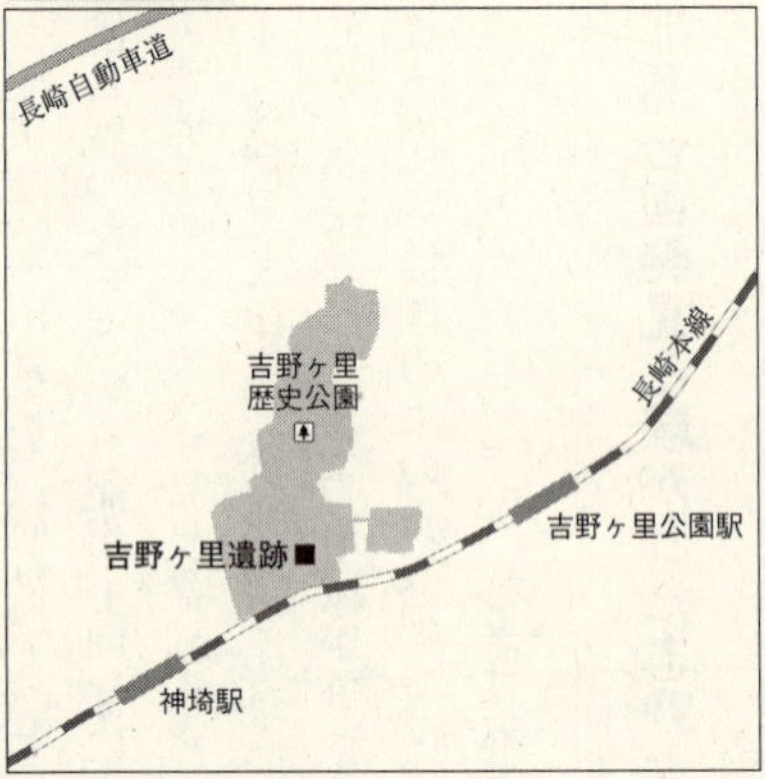

が多く出土する福岡地方など玄界灘《げんかいなだ》沿岸が、古代九州の中心地とみなされ、吉野ヶ里は日陰の存在だった。一部の学者が、弥生時代を代表する遺跡であり、「大規模で重要な遺跡」といくらか主張していたが、注目されることはなかった。

昭和四十年代に入ると、田園風景の広がっていた吉野ヶ里の周辺に、農業基盤整備事業や工業団地、住宅団地などの造営が始まる。そして昭和五十六年（一九八一）に、吉野ヶ里遺跡の一帯でも工業団地計画が持ち上がり、翌年内定した。そして建設のための発掘調査が、昭和五十七年（一九八二）七月からはじめられたのだ。丘陵部約五十ヘクタールと水田部三十ヘクタールだ。そして、長い発掘調査の結果、吉野ヶ里の全貌が見えてきたのである。

吉野ヶ里遺跡の変遷

吉野ヶ里の時代ごとの変遷は、以下のとおり。

すでに弥生時代初頭に、遺跡南端部に縄文時代にはなかったＶ字形の断面を持つ溝をめぐらせた南北二百五十メートルの楕円形の「環壕《かんごう》」（水を張ってある掘りは

吉野ヶ里遺跡の北内郭。主祭殿・周囲を囲む板（佐賀県教育庁提供）

「環濠」）が出現していた。

　前期前半には、北側の段丘に二・五へクタールの本格的環壕集落（平面卵形が出現し、竪穴住居や貯蔵穴《ちょぞうあな》、甕棺墓《かめかんぼ》や土坑墓《どこうぼ》、木棺墓《もっかんぼ》が見つかっている。また、青銅器の鋳造の痕跡《こんせき》が見つかっていて、かなり早い段階で、青銅器の生産が始まっていたことがわかる。

　中期になるとすぐ、遺跡最南部の集落が大きくなった。また、ほかにもいくつかの集落が形成されていくが、その内のひとつは中期初頭から弥生時代終末期、古墳時代前期まで継続していき、後期の段階で「北内郭《きたないかく》」になっていく。遺跡の面積は、推定二十ヘクタールに広がっ

池上曽根遺跡に復元された高床式建物（和泉市教育委員会提供）

た。二重の堀も登場し、「防御性」の発展が見られる。争いが激化していたのだろうか。楽浪郡《らくろうぐん》から伝わったと思われる青銅製耳飾《みみかざり》や外洋航行船を模したような舟形《ふながた》木製品も見つかっている。首長の墳丘墓《ふんきゅうぼ》と思える墓も出現した。

ちなみに、弥生時代中期に唐古・鍵遺跡（奈良県）と池上曽根《いけがみそね》遺跡（大阪府）の巨大環濠集落が登場するが、今のところ北部九州で同等の規模を誇るのは、意外にも吉野ヶ里だけなのだ。

後期の吉野ヶ里は北側にも広がり、四十ヘクタールを超す大集落に発展し、倉庫群も林立していった。これは、中世の代表的な都市に引けを取らない規模である。

集落に環壕で囲まれた南北ふたつの「内郭」が造られた。最初南内郭の周辺に建てられていた竪穴住居群は、やがて内郭の中に集められた。これに対し北内郭は少し様子が違っていて、竪穴住居は少数で、大型の掘立柱建物群がひしめいていた。また、大きな物は、十二・三メートル×十二・七メートルで十六本の柱を用いていた。また、北内郭を真上から見ると、平面A字形の環壕に囲まれていて、Aの文字の中軸線は北東から南西に向けて走り、夏至《げし》の日の出、冬至《とうじ》の日の入りを結ぶ線になっていた。また、北内郭の大型建物の北側約百九十メートルに弥生時代中期の墳丘墓が位置し、ふたつを結んだラインを南に伸ばすと、約六百五十メートル先に、祭壇《さいだん》遺構《こう》が乗ってくる。このため、北内郭は吉野ヶ里遺跡の最高祭祀権者や首長の住居で、祭祀の場だったと考えられている。

また、内郭を南北にふたつ配置していたことは、中国後漢から魏に至る礼制《れいせい》（「座北朝南」）を元にした都城の構造と一致しているという。中国の天文、暦、宗教などなど、先進の知識を取り入れていた証拠だろう。

吉野ヶ里遺跡遠景（佐賀県教育庁提供）

吉野ヶ里遺跡の発掘作業風景（佐賀県教育庁提供）

商都だった吉野ヶ里遺跡

吉野ヶ里の特徴は、いくつもあるが、まず縄文時代晩期にすでに集落が登場していて、しかも弥生時代を通じて人びとがここに住みつづけたことだ。弥生時代の「ムラ」が、いかに「クニ（国）」へ発展し衰退していったのか、その様子が俯瞰《ふかん》できる（ここにいう「クニ」とは、現代人の言う「国家」の意味ではない）。

たとえば、吉野ヶ里遺跡は円形の環壕集落だが、その中にいつごろ首長層のためだけの「方形」の区画ができあがっていったのかがわかっている。集落の設計思想から、当時の社会システムや時代性が割り出せたのだ。

ところで、吉野ヶ里遺跡には、稲作や畑作の要素が少ないといわれる。それは農地が見つかっていないということと、「弥生時代の遺跡といえば稲作」というイメージが先行していたために、「意外に少ない」と驚かれたのだ。

とは言っても、農耕の痕跡がまったくないわけではない。石製農具、鉄製農具、木製農具などの道具類が出土している。何を作っていたかというと、イネの炭化物やプラントオパール、キビ属のプラントオパール、ウリ類・マメ類などの種子や花粉などが発見されている。また、クワの花粉も検出《けんしゅつ》されていて、養蚕《ようさん》が行われていたことを示している。ただし、水田など「生産の場」そのものが、まだ見つかっていない。

もうひとつ、北部九州の玄界灘、有明海《ありあけかい》沿岸を含めて、絹が最も多く出土したことも、特徴的だ。ちなみに、北部九州ではすでに蚕《かいこ》が飼われ、絹は国産品になっていた。「魏志倭人伝」に邪馬台国の卑弥呼が上等な絹織物を献上してきたと記録されているが、それは、メイドインジャパンだったわけである。

さらに、青銅器生産の拠点という点も大切だ。国内最古式の細形《ほそがた》の銅矛《どうほこ》や銅剣《どうけん》などの鋳型《いがた》が多数発見され、想像以上に早い段階で、青銅器が国内で生産されていたことがはっきりとしたのだ。

弥生時代の日本列島をリードしてきたのは北部九州の玄界灘沿岸地帯と信じられてきた。しかし、有明海側、筑後川《ちくごがわ》流域の重要性も、吉野ヶ里遺跡の発見によって、再認識されるようになったのだ。

「魏志倭人伝」には、対馬《つしま》（長崎県）の人びとが、「農業では食べていけないので、

原の辻遺跡（壱岐市）

海に船を漕ぎ出し、南北に市糴《してき》（交易）している」と記される。壱岐《いき》の原《はる》の辻《つじ》遺跡（長崎県壱岐市芦辺町《あしべちょう》）はまさに、彼ら海の民の中継基地だったわけで、吉野ヶ里遺跡に、同じ匂いを感じてしまう。

吉野ヶ里遺跡で注目すべきは、国内外との活発な交流、交易の痕跡だ。

森浩一《もりこういち》らは、吉野ヶ里遺跡の特徴を、盛んな交易活動と考えている。吉野ヶ里は、中世都市に勝るとも劣らない規模と立地条件を備えた商業都市だったのだ。

青銅器の鋳造をしきりに行っていたのも、「商品」にして「市糴」するためだったろう。外壕に約四十棟の倉庫が並んでいて、商都・吉野ヶ里を象徴していたのである。

ところで、有明海は魚介類が豊富なことでも知られるが、弥生時代の有明海の沿岸地帯は、もっとも貝塚の多い地域であり、このような場所は、反面、塩害をもたらし、「水田稲作に不向き」な土地だった可能性が高い。干満の差によって、筑後川を潮水《しおみず》が逆流してさかのぼっていた。

それにもかかわらず人びとが有明海沿岸地帯に広大な集落を形成したのは「交易のため」だったのだろう。

たとえば『肥前国風土記《ひのみちのくちのくにのふどき》』三根郡《みねのこおり》三根郷《みねのさと》（佐賀県神埼市《かんざきし》）の条にも、興味深い話が載っている。景行《けいこう》天皇の時代、この郷に川が流れていて（城原川《じょうばるがわ》）、背振山《せふりさん》から南に流れ、海につながっていた。天皇を乗せた船が、有明海の河口からこの地まで遡上《そじょう》してきたとある。吉野ヶ里遺跡は、まさに水運の拠点だったのだ。

吉野ヶ里はなぜ栄えたのか

それにしてもなぜ、朝鮮半島との往き来に便利な福岡市など玄界灘沿岸部ではなく、やや引っ込んだ有明海沿岸部が、これほど栄えたのだろう。

ひとつの理由は、中国と直接交渉するのに、南西諸島を経由した航路が安全で便利だったからだろう。有明海は、朝鮮半島だけではなく、西に向かって開かれた天然の良港だったのではあるまいか。

吉野ヶ里遺跡の「構造的特徴」からも、中国とのつながりが見出せる。環壕突出部《とっしゅつぶ》（壕が半円形に突き出している）や物見櫓《ものみやぐら》跡、鍵形の出入口跡は、日本の弥生時代集落の中で、異例の姿なのだ。そして、その根っこをたどっていくと、どうしても中国の古代城郭に行き着いてしまうのである。

もっとも、吉野ヶ里遺跡発掘の先頭に立った七田忠昭《しちだただあき》は、中国の城郭に似ていることについて、「おそらく弥生時代前期以降の絶間ない朝鮮半島との交流、中国史書に記された楽浪郡や帯方郡《たいほうぐん》さらには中国本土、韓諸国との交易・外交などに起因しているものと考えられる」（『吉野ヶ里遺跡』同成社）と、むしろ朝鮮半島との関係を強調しているが、中国の南部とのつながりが、どうしても気になってしまう。楽浪郡や帯方郡との交流から得られた知識とすれば、「吉野ヶ里だけ特殊」の意味がわからない。

たとえば『日本書紀』でも、有明海＋筑後川流域と中国南部のつながりを記録している。雄略《ゆうりやく》十年九月の条には、次のようにある。

中国南部の呉《ご》が倭国に献上した鵞鳥《がちょう》を携えた身狭村主青《むさのすぐりあお》が、筑紫《つくし》に到着した。ところが、鵞鳥は水間君《みぬまのきみ》の犬に嚙まれて死んでしまった。ただ別伝によれば、鵞鳥を嚙んだのは、筑紫の嶺県主《みねのあがたぬし》泥麻呂《ねまろ》という人物の犬だったという。

吉野ヶ里遺跡の復元された物見櫓（佐賀県教育庁提供）

ここにある水間君は久留米《くるめ》市付近の、また嶺県主は吉野ヶ里付近の豪族で、呉からヤマトに献上された鵞鳥が、筑後川をさかのぼっていたことがわかる。

また、吉野ヶ里は日本列島内

部とも、盛んに交易をくり返していたようだ。たとえば、遺跡周辺には山陰系の土器が多く見つかっていて、出雲系の神社も少なくない。また、のちに詳しく触れるが、三世紀に近江と尾張で生まれた新しく斬新な埋葬文化・前方後方墳《ぜんぽうこうほうふん》（念のためにいっておくが、前方後円墳《ぜんぽうこうえんふん》ではない。前も後ろも方形）は、かなり早い段階で、吉野ヶ里にもたらされている。すでに縄文人たちも九州島西側の海を利用して、航海ルートは完成していたから、日本海、瀬戸内海とつながっていたのだろう。

残された問題は、吉野ヶ里遺跡は邪馬台国なのか、ということだが、可能性は低い。というのも、「魏志倭人伝」に載っている「卑弥呼の墓」に相当する墳墓が存在しない。しかも邪馬台国の時代、吉野ヶ里はむしろ衰退期に入っていたからだ。

邪馬台国論争は、一筋縄にはいかないのである。

稲作を携えた人びとがヤマトに造った環濠集落

ここで話はヤマトの弥生時代に移る。

奈良盆地の弥生遺跡といっても、古代史や考古学に興味のない方には、ほとんど

唐古・鍵遺跡に復元された「楼閣」（田原本町教育委員会提供）

知られていない。しかし、盆地中央部、大和川《やまとがわ》中流域、標高約四十八メートルの唐古・鍵遺跡（奈良県磯城郡《しきぐん》田原本町《たわらもとちょう》阪手《さかて》）は、古代史の謎を解く鍵となる重要な弥生環濠《かんごう》集落なのだ。

平成三年（一九九一）に絵画土器が大量に見つかって（約三百点）、そこに描かれたマンガチックな多層式の「高楼《こうろう》」が復元された。その映像で、ご存知かもしれない。遺跡の面積は、約四十二万平方メートルだ。

はじめ水稲《すいとう》稲作を携えた弥生人が、大和川をさかのぼり、この地に定着し、またここを拠点にして、各地に散らばっていったと思われる。

近畿地方各地に存在した弥生集落のいろいろな文化的要素を寄せ集め、影響し合った場所が、唐古・鍵で「最大公約数的」だという。それはなぜかと言えば、当時のネットワークの中心に、唐古・鍵が立っていたからではないかという指摘がある（都出比呂志《つでひろし》『弥生の巨大遺跡と生活文化』田原本町教育委員会編　雄山閣）。

唐古・鍵遺跡が注目を集めるようになったきっかけは、昭和五十二年（一九七七）の第三次調査でめざましい発見があったからだ。濠《ほり》（環濠）が発見され、遺跡の南限が確定したこと（考古学では、範囲の確定がすこぶる重要）、南北約五百メートル以上の大遺跡だったことがわかった。さらに銅鐸の鋳型を含む青銅器鋳造にまつわる痕跡が見つかったのだ。それ以降、長い年月をかけて、遺跡は姿を現していった。

ちなみに、これ以前は唐古遺跡と呼ばれていたが、これ以降は唐古・鍵遺跡となった。第一次と第二次の発掘調査は、戦前に行われた唐古池《からこいけ》の発掘で、弥生時代前期から後期、古墳時代前期の大小百四十三基の竪穴（土坑《どこう》）や木製農具、木製容器、石器、壺《つぼ》などが見つかっている（竪穴は竪穴式住居を指していない）。

唐古・鍵遺跡は弥生時代前期から営まれた。このころの奈良盆地や河内《かわち》の一帯では、多くの縄文土器の中に少数の弥生土器が混じっていたり、逆に多くの弥生土器の中に少数の縄文土器が混じっていることがある。縄文と弥生の棲《す》み分け論がここから生まれるのだが、唐古・鍵遺跡の場合、多くの弥生土器の中に、少数の縄文土器が混じっていた。これは、稲作農耕技術を持った人たちがやってきて、唐古・鍵遺跡を開拓したのではないかと疑われている。ただし、短絡《たんらく》的に考えられては困るのだが、やってきた人たちは「渡来系」で「征服した」というのではなく、「弥生人」が農地を求めて新天地にやってきて先住民と融合していったと考えるべきだろう。

ちなみに、唐古・鍵には、外来系の土器も多い。東は天竜川《てんりゅうがわ》あたり、西は岡山の範囲だ。また、山陰系の土器が中期から後期前半にかけて、出土する。中期前半までは東海系が多い。中期後半以降は瀬戸内系が増える。後期に入ると、山陰系のみならず、瀬戸内海の土器もやってくる。後期初頭には、吉備の大壺《おおつぼ》と器台《きだい》が出現する。

前線基地で後方支援基地だった唐古・鍵遺跡

第一段階の集落は、遺跡の中の微高地に造られた。また、集落が出現した直後から、環濠が整備されていたわけではない。多数の木器貯蔵穴が見つかっていて、鍬《くわ》や鋤《すき》、斧《おの》の柄《え》、耳成山《みみなしやま》の石（流紋岩《りゅうもんがん》）で作った石包丁《いしほうちょう》などが埋まっていた。弥生人にとって、耳成山は貴重な資源の山だったのだ。唐古・鍵の人たちは、耳成山の石を加工し、製品化していたのである。

第二段階（弥生時代前期後半から末、中期初頭）になると、前期末頃、大溝《おおみぞ》が掘削されて、三つの集落が区切られた。集落が分立したのだ。溝は防衛のための環濠ではなく、排水のために造られた可能性が高い。また、西地区には、弥生時代ではもっとも古い「総柱《そうばしら》（床下にも柱列がある）」の大型建物跡が見つかっている。床面積は約八十平方メートルだ。南北に長い建物で、妻《つま》の外側に、独立棟持柱が備わっている。

この時代の唐古・鍵は、単なる農耕集落ではなく、道具や生活雑器を生産供給す

る物資集散センターの役割を負っていた。藤田三郎《ふじたさぶろう》は『日本の遺跡45　唐古・鍵遺跡』（同成社）の中で、

弥生時代前期における「前線基地」と「後方支援基地」というような構図が読み取れるであろう。

と指摘し、さらに、

唐古・鍵遺跡周辺の初期農耕集落は、交流を示すような土器の出土はあっても、原材・原石の入手から製品化と供給までのシステムがみえるような集落はなく、唐古・鍵遺跡の中核性がすでに表れているのである。

なるほど、このあたりから、纒向遺跡出現に向けた「下地」が出来上がりつつあったということなのだろうか。

第三段階（弥生時代中期前葉）は、大環濠集落が成立し、発展する時代だ。この

時期の唐古・鍵遺跡が、もっとも充実していた（長径《ちょうけい》約五百メートル、短径《たんけい》約四百メートル）。

三つに分かれていた集落が、大きな環濠を掘ることで、一体化した。幅七メートル前後、深さ一・五〜二メートルの環濠で、どんどん、幾重（四〜五重）にも環濠は掘り進められていった。この濠は集落が衰退する古墳時代前期まで使われる。ところが、弥生中期後半から末にかけて、たびたび洪水の被害を受けて、集落に土砂が流れ込み、環濠も埋まってしまった。これは、唐古・鍵遺跡に限ったことではなく、近畿一円を襲った災難だった。

唐古・鍵の人びとは、ここから逃げることなく、再建に取り組んでいる。これが、唐古・鍵遺跡の第四段階である。

弥生時代後期後半には、それまで墓域はムラの外にあったが、内部に方形周溝墓《ほうけいしゅうこうぼ》が造られている。また、掘り返された環濠には、後期末ごろ土器が捨てられるようになって、すでに環濠の体をなしていなかった。捨てられた土器の多くは壊れていなかったから、これは、環濠集落を放棄するための宗教的儀礼と思われる。これが、第五段階、環濠集落の解体だ。ただし、人びとがまったく住まなくなったわけ

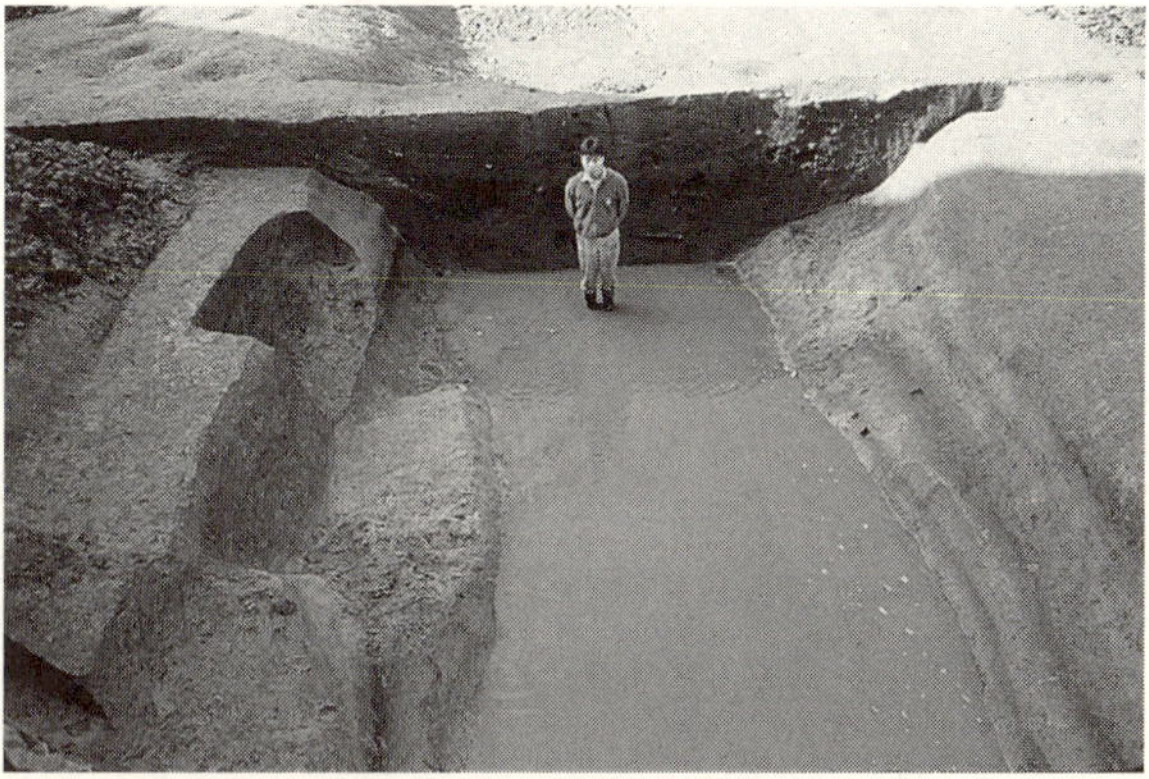

唐古・鍵遺跡の南側環濠跡（田原本町教育委員会提供）

でもない。集落の規模は縮小したが継続されたのだ。そして、古墳時代初頭（庄内期《しょうない》）を迎える。唐古・鍵からみて南東側に、纒向遺跡が出現したのである。

唐古・鍵では、布留期《ふる》（庄内期の次）になると、遺構や遺物が急増する。弥生時代中期の環濠をふたたび掘り、大溝を造っている。このような現象は、唐古・鍵に限らず、周辺の奈良盆地の拠点集落でも起きていた。藤田三郎はこれらを「在地型《ざいちがた》集落」と呼び、纒向遺跡を「広域・短期型集落」と位置づけた。そして、纒向遺跡ができるとき、在地型集落が放棄されたこと、布留期になった段階で環濠がふたたび注目されたところに、大きな意味があると指摘している（前掲書）。

第五章　纒向遺跡——ヤマト建国時の他国との攻防

纏向《まきむく》を巡る三つの謎

話はいよいよ纏向遺跡（奈良県桜井市《さくらいし》）に移る。ヤマト建国の地だ。

纏向遺跡には、大きく分けて三つの謎が隠されている。

第一に、なぜ弥生時代後期の戦乱状態が一気に収拾されたのか。「この指とまれ」をしたように、一斉に人びとがヤマトに集まり、ゆるやかな連合体を構築できたのはなぜか。第二に、なぜヤマトの纏向の地が国の中心に選ばれたのかである。そして第三に、纏向遺跡こそ卑弥呼《ひみこ》の邪馬台国《やまたいこく》だったという考えがある。いわゆる邪馬台国畿内説である。

たとえば大阪市立大学大学院の岸本直文《きしもとなおふみ》は、『史跡で読む日本の歴史　2』（岸本直文編　吉川弘文館）の中で、次のように述べている。

三世紀前半の倭の社会に、畿内を核とする結びつきが成立し、畿内が中国鏡の入手に示される外交主体になっていることは明らかである。それは、卑弥呼を倭国王として仰ぎ、ヤマト［邪馬台］国に三〇国が結びつく社会が生まれていたとの『魏志倭人伝』の記載と合致する。ヤマト国が畿内大和《やまと》であることは既に決着しており、筑後《ちくご》や肥後《ひご》など、奴国《なこく》や伊都国《いとこく》などをしたがえる勢力を九州のなかに求めることは不可能である。

纒向遺跡

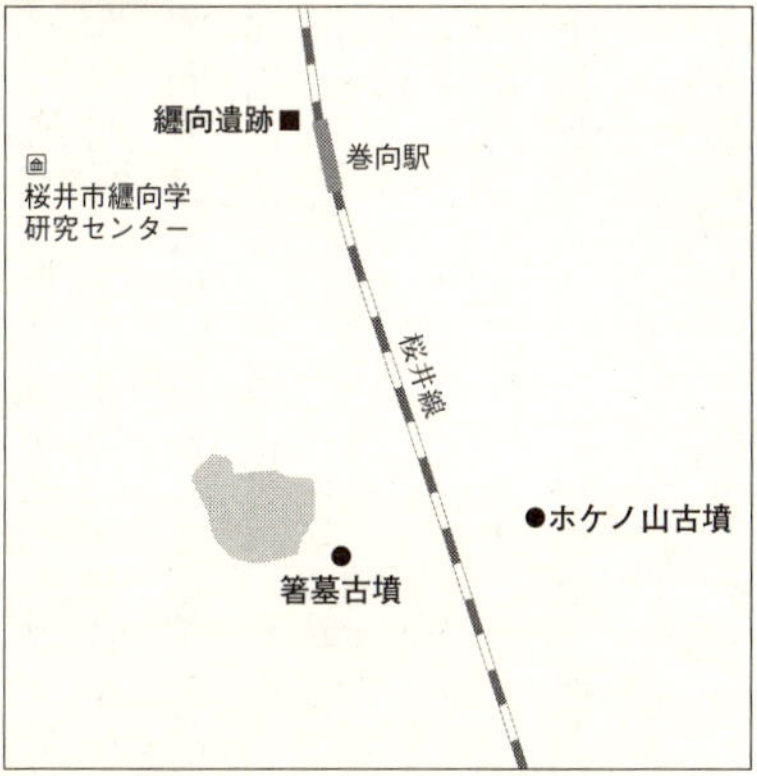

しかし、この発言は、行き過ぎだと思う。邪馬台国がヤマトに存在した明確で決定的な証拠は、どこにもない。

ならば、これら、三つの謎に、はっきりとした答えはあるのだろうか。

そこで、纒向遺跡の様子を観てみよう。

二世紀末から三世紀初頭にかけて、ヤマト最大の霊山・三輪山《みわやま》の山麓に前代未聞の巨大都市が忽然《こつぜん》と姿を現した。四世紀まで百五十年間ほど倭国《やまとのくに》の中心となった。纒向遺跡である。この遺跡の発見によって、古代史は大きく書きかえられた。ヤマト建国の詳細も、説明できるようになってきたのだ。

纒向遺跡は桜井市から隣接する天理市《てんりし》の南端までつづく巨大遺跡だ。烏田川《からすだがわ》と巻向川《まきむくがわ》に挟まれた扇状地《せんじょうち》にある。古くはひとつの遺跡と考えられていなかった。だから、「太田《おおた》」「勝山池《かつやまいけ》」「箸中《はしなか》」など、ブロックごとの遺跡の名で呼ばれていたのだ。

太田遺跡の発見は昭和十二年（一九三七）のことで、村道改修時に「纒向村太田」で土器が発見されたのだった。ただし、その後忘れ去られたままだった。昭和四十六年（一九七一）から本格的な調査が始まり、昭和五十年（一九七五）まで七次にわたる調査によって、いくつもの「字《あざな》」を結んだ遺跡だったことがわかってきて、遺跡の名も「纒向遺跡」に改められたのだ。

「旧纒向村」の遺跡だから「纒向遺跡」になったのだが、第十一代垂仁《すいにん》天皇と第十二代景行《けいこう》天皇の宮が「纒向珠城宮《まきむくたまきのみや》（桜井市巻野内《まきのうち》）」と「纒向日代宮《まきむくひしろのみや》（桜井市穴師《あなし》）」だったところを強く意識したようだ。

ちなみに、通説は実在したヤマトの初代王は第十代崇神《すじん》天皇の事績をわざわざふ

上空から見た纒向遺跡（桜井市教育委員会文化財課提供）

たつに分け、神武《じんむ》天皇を創作したというのだ。それは、王家の歴史を古く見せかけるためだという（実際には、神武と崇神は同時代人だが別人と筆者は考える。拙著『ヤマト王権と古代史十大事件』ＰＨＰ文庫）。

ヤマト黎明《れいめい》期の王が纏向一帯に拠点を構えたことは、八世紀の『日本書紀』編者たちもわかっていたということだろう。ちなみに、第十代崇神《すじん》天皇の宮も「磯城瑞籬《しきのみずがき》宮《のみや》（桜井市金屋《かなや》）」で、纏向遺跡に隣接した場所だ。この天皇は纏向遺跡から見上げる三輪山と、大いにかかわっていた。

ならば、なぜ纏向遺跡がヤマト建国の故地とみなされるようになったのだろう。そして、纏向遺跡の何が画期的だったのだろう。その事情を、説明していこう。

盆地南部が選ばれたわけ

纏向遺跡の大きさは東西二キロメートル×南北一・五キロメートルで、のちの時代に造られる永久都城の藤原宮《ふじわらきゅう》や平城宮《へいじょうきゅう》（京《みやこ》ではなく宮《みや》の部分）と何ら遜色《そんしょく》ない。政治や宗教に特化された計画的な人工都市だ。農業の要素がほとんどみられない。

日本最古の市《いち》・海柘榴市《つばいち》が近くだったのは、纒向遺跡が「交通の便」も考えて造られたからだろう。盆地の東のへりを南北に貫く上ツ道《かみつみち》が遺跡を通り、纒向の南側で東西の動脈にあたる横大路《よこおおじ》に交わる。大和川《やまとがわ》（初瀬川《はせがわ》）を下れば、一気に大阪湾にたどり着くことができる。また、後に再び触れるが、海柘榴市は東国とつながっていたのだ。縄文時代、すでに東国と奈良盆地を結ぶ流通の陸路は確保されていて、その経路に、海柘榴市が存在したのだ。この地の利は、無視できない。

ちなみに、七世紀初頭、聖徳太子《しょうとくたいし》が遣隋使《けんずいし》を派遣し、隋《ずい》から裴世清《はいせいせい》が推古《すいこ》十六年（六〇八）に来日するが、その時一行は、海柘榴市で舟を下り、大歓迎を受けたあと、飛鳥に向かっている。海柘榴市周辺は、ヤマトの交通のヘソに当たっていたのだろう。纒向の場所が選ばれたひとつの理由は、この優位性ゆえだろう。

そもそも纒向遺跡最大の特徴は、各地の外来系土器が集まっていることだ。他の遺跡における外来系土器の割合は五パーセント前後とされるが、纒向の場合、二十六パーセントと、群を抜いている。内訳は東海四十九パーセント・山陰・北陸十七パーセント・河内《かわち》十パーセント・吉備《きび》七パーセント・関東五パーセント・近江《おうみ》五パーセント・西部瀬戸内三パーセント・播磨《はりま》三パーセント・紀伊《きい》一パーセントだ。つまり、単純計算でいけば、大都市纏向には、三割近くの「地方出身者」が生活していたことになる。これも、纏向周辺に主要道路や河川が集まっていることと、無関係ではあるまい。そして、東海地方の土器が異常に多いことを特記しておきたい。

纏向には巨木を用いた導水施設もあって、「トイレではないか」と疑われている。また、「運河」も造られている。幅五メートル、深さ一・二メートルの両岸に護岸工事を施した溝が二本、南北から南西と北西にV字形に進み、一点に集まる。纏向は東西に四本の川が流れるが、運河はこれを結んで物資を輸送したのだろう。纏向は、水の都でもあったのだ。この運河を造るのに、のべ七千六百人を必要としたという試算がある。

纏向遺跡は広大だが、竪穴《たてあな》住居がほとんど見つかっていない。その代わり、高床《たかゆか》の住まいが存在したようだ。古墳時代前期の各地の集落は竪穴住居がまだ主流だから、この点でも纏向遺跡の特異性が表れている。

平成二十一年（二〇〇九）には、三世紀前半、卑弥呼と同時代の大型建物跡（掘《ほっ》立柱《たてばしら》建物）も発見された（十九・二メートル×十二・四メートル）。同時代の国内最大規模を誇っている。方位や他の建造物との間に計画性が見て取れること、吉野ケ《よしのが》里《り》の主祭殿《しゅさいでん》の一・五倍の床面積だったことから、卑弥呼が祭祀を行った宮殿かと、騒がれたものだ。

弥生時代の環濠集落《かんごうしゅうらく》と纒向遺跡の差は何だろう。寺沢薫《てらさわかおる》は次のようにまとめている（『古代国家はこうして生まれた』都出比呂志《つでひろし》編　角川書店）。

（1）集落の規模。経済的要素としての第一次産業従事者の欠落。
（2）人や物の集積と長距離移動。共同体内分業の伸展。
（3）政治的・祭祀《さいし》的要素として、権力中枢と民衆との階級構造と、支配正当化のための共同幻想を生み出すための仕掛け（祭儀葬地）の存在。

そして、纒向では、強大な一人の王がシステムを構築したのではなく、いくつかの地域の人びとが集まって、新たな社会体制を構築していたのだ。纒向の本当の面白さは、ここにある。倭国大乱《わこくたいらん》と呼ばれ、小競り合いをつづけてきた多くの首長たちが、纒向に集まりまとまったのである。

天皇家と物部《もののべ》氏と尾張氏と

纒向遺跡の出現によってヤマト建国が成し遂げられたと考えられているひとつの根拠は、前方後円墳《ぜんぽうこうえんふん》が成立し、この新たな埋葬文化、儀礼、宗教観が、各地に伝えられ、受け入れられていくからだ。

前方後円墳を多くの首長たちが採用する素地は、たしかにあったのだ。それは、前方後円墳が強大な権力者によって創作され、押しつけられたものではなく、寄せ集めの埋葬文化だったから、みな抵抗なく「戦乱からの脱却のシンボル」として受け入れたのだろう。

前方後円墳の原型は、まず吉備（岡山県と広島県東部）で生まれた。楯築弥生墳《たてつきやよいふん》丘墓《きゅうぼ》（岡山県倉敷《くらしき》市）は、円墳《えんぷん》の両脇に方形《ほうけい》の出っ張りがくっついている。この片方を除けば前方後円墳の形になる。吉備では墳丘上に、特殊器台形《とくしゅきだいがた》土器を並べ、首長霊を祀《まつ》った。この個性的な土器が、ヤマトにもたらされた。

出雲《いずも》では四隅突出型《よすみとつしゅつがた》墳丘墓が盛行したが、斜面の貼石《はりいし》が前方後円墳に採用され葺石《ふきいし》になったようだ。ヤマトの埋葬文化からは、方形周溝墓《ほうけいしゅうこうぼ》の「周溝」の部分が前方後円墳の堀になったのではないかと考えられている。そして、北部九州からは、豪奢《ごうしゃ》な副葬《ふくそう》という文化が最後の最後に伝わった。つまり、突然前方後円墳という埋葬文化が発明されたのではなく、弥生時代後期に各地で生まれていた埋葬文化を寄せ集めた可能性が高い。纏向に様々な地域の人びとが集まっていたことと、無関係ではない。

ちなみに、『日本書紀』のヤマト建国のシーンにも、この「纏向で起きていたこと」が、暗示的に記録されている。

神武東征《じんむとうせい》以前、すでに出雲の大物主神《おおものぬしのかみ》が、三輪山に祀られていた。三輪山といえば、纏向遺跡から仰ぎみる霊山であり、ヤマト政権黎明の地にまず出雲神がやってきたという話を無視することはできない。

神武天皇は日向《ひむか》（南部九州）の地で、東の方角に国の中心にふさわしい土地（ヤマト）があることを知らされ、東征を決意する。この時すでに、ニギハヤヒ（饒速《にぎはや》日命《ひのみこと》）なる者が天磐船《あまのいわふね》に乗ってヤマトに舞い下り、先住の長髄彦《ながすねびこ》の妹を娶《めと》って君臨していたのだ。結局神武は、ニギハヤヒの恭順《きょうじゅん》によって、ヤマト入りを果たす。

このいきさつ、「いくつもの首長がヤマトに集まり、前方後円墳を造り、ゆるやかな連合体を作り上げた」という考古学の指摘にそっくりだ。

ただし『日本書紀』は、ニギハヤヒと長髄彦の出身地を明らかにしていない。すでに述べたように、筆者は、ニギハヤヒは吉備の出身とみる。物部氏の拠点となった大阪府八尾《やお》市から、三世紀の吉備系の土器が出土している。

長髄彦は尾張《おわり》出身と思われるが、尾張氏そのものが謎めく。『日本書紀』は尾張氏の祖・天火明命《あまのほあかりのみこと》は天皇家の同族といい、物部系の『先代旧事本紀《せんだいくじほんぎ》』は、物部氏の同族と証言している。話は矛盾するが、ヤマト黎明期の王家は物部氏や尾張氏が濃厚な血縁関係を結んでいたと考えるとわかりやすい。王家と物部氏と尾張氏は親族となったのだろう。

そこで問題となるのが、尾張氏と長髄彦の関係だ。

長髄彦の「長いスネ」は、「白鳥（水鳥）を暗示している」が、白鳥で思い出すのはヤマトタケルで、ヤマトタケルは尾張氏と深くつながっていた。

仮に、「東海の土器が大量にヤマトに流れこんでいた」という具体的な事実を『日本書紀』編者は知らずとも、「尾張がヤマト建国にからんでいた」ことは承知していただろう。しかし『日本書紀』のヤマト建国のシーンに、はっきりとした形で尾張は登場しない。なぜ『日本書紀』は尾張の手柄を「武甕槌神《たけみかづちのかみ》」という神に預けてしまったのだろう。長い歴史のなかで、「尾張」は大活躍していたのに、『日本書紀』はそのたびに「尾張」を無視している。ならば、「武甕槌神」も「長髄彦」も、尾張の正体と活躍を湮滅《いんめつ》するためのカラクリではあるまいか。

尾張氏の祖・天火明命の子が天香山《あまのかぐやま》（天香語山命《あまのかごやまのみこと》）である。ヤマトの霊山・大和三山《やまとさんざん》のひとつが天香具山《あまのかぐやま》であるように、尾張氏はヤマトの王家と深くつながっていたにもかかわらず、『日本書紀』がその様子を抹殺《まっさつ》してしまっている（『神武東征とヤマト建国の謎』ＰＨＰ文庫）。

そして、ニギハヤヒは吉備、長髄彦は尾張と仮定すれば、ヤマトにまず出雲がやってきて、吉備、東海、そして、九州の王が集まってきたという『日本書紀』の描いたヤマト建国のストーリーが、考古学の示した纒向の状況と似てくるのである。

また、かつて一世を風靡《ふうび》した騎馬民族日本征服説などのような、「ヤマトは渡来系の征服者に蹂躙《じゅうりん》された」という発想は、考古学がすでに否定している。ヤマトは各地の首長たちの寄せ集めであり、王家に強大な権力は渡されていなかった。ヤマトの王は祭司王《さいしおう》にすぎなかったのである（なぜこのような王が生まれたのかについては、後に触れる）。

北部九州のアキレス腱

なぜ、弥生時代後期の戦乱状態は、一気に収拾されたのだろう。

農耕を受け入れた瞬間から、日本列島にも隣人と土地を奪い合うという物騒な世の中が到来し、だから弥生時代盛んに環濠や環壕《かんごう》、それに高地性《こうちせい》集落が造られたが、当初は近隣との鍔迫《つばぜ》り合いだっただろう。次第に富を蓄えた首長が現れ、戦争も大掛かりなものになっていった。そして、文明の利器や先進の文物をいかに手に入れるかが、集落の盛衰に重要な影響を及ぼすようになったのだろう。特に、鉄の争奪戦は、激しかった。朝鮮半島南部で産出される鉄を、奪い合ったのである。

意外に思われるかもしれないが、弥生時代後期のヤマト周辺の鉄器保有量は極端に少なかった。朝鮮半島にもっとも近く繁栄を誇っていた北部九州勢力が、ヤマトに鉄を渡さないように、出雲や吉備と手を組んで関門海峡《かんもんかいきょう》を封鎖していたという説がある。大いにあり得ることだ。

北部九州がヤマトを嫌った理由もはっきりとしている。地勢上、ヤマトに巨大な勢力が誕生すれば、北部九州は太刀打ちできなくなるからだ。それだけ、ヤマトは西側からの攻撃に強かった。逆に、北部九州は、東側から攻められると、手も足も出なかったのだ。それは大分県日田《ひた》市というアキレス腱を抱えていたからだ。東側の勢力にここを奪われれば、玄界灘《げんかいなだ》沿岸地帯の勢力は、背後に敵を抱えてしまう。事実、纏向遺跡が栄えていた時代、日田盆地の北側の高台に、政治と宗教に特化した集落が誕生していて、ここに山陰と畿内から土器が流れ込んでいる。ヤマト側におさえられてしまったようなのだ。江戸時代になっても日田盆地の重要性は変わらず、徳川幕府は直轄領《ちょっかつりょう》（天領《てんりょう》）にして北部九州に楔《くさび》を打ち込んでいる。

当初北部九州の目論見《もくろみ》は成功したかのように思えた。実際ヤマトは鉄器の過疎地帯になっていたからだ。ところが、二世紀末から三世紀初頭、突然纏向遺跡が出現し、多くの人たちが（時間差はあるものの）、ヤマトに集結してきた。ここに、大きな謎が隠されていたのだ。だれが、仕掛けたのか、なぜみなあわてふためいて、ヤマトに集まったのだろう。

仕掛けたのは、「東」ではあるまいか。

藤原氏は尾張氏の祖神を奪っている

東海系の土器が外来系土器の半数近くに上っているのに、「それは労働力として駆り出されたに過ぎない」と、ほとんどの史学者に無視されてきた。しかし左のヤマト建国当時の人びとの動きを表した図を見るにつけ、「ビッグバンは、尾張や近江から始まったのではないか」と思えてくる。尾張や近江が活発に動きはじめたことで、何かの地殻変動が起きたのではなかったか。そして、ヤマトに人が集まり、今度はヤマトから方々に人が散っていったのではないかと思えてくるのである。

ちなみに、なぜ人の動きがここまで鮮明に浮かび上がってきたのかと言えば、当時の日本列島には洒落《しゃれ》たホテルも、渋い旅館もなかったから、みな「マイ土器」を背負って移動していたからだ。地域色の濃い土器が、他の地域に移動していた様を拾い上げていくと、こういう図が成立するのだ。

まずここで注意しておきたいのは、「ヤマトの地勢上の意味」なのだ。というのも、すでに触れたように、縄文時代から東国とヤマトは交流があって、弥生時代が到来したころ、東北で盛行していた土偶が、奈良盆地にもたらされ、稲作を呪術ではね返そうとしていたようなのだ。

ヤマト建国当時の人々の動き

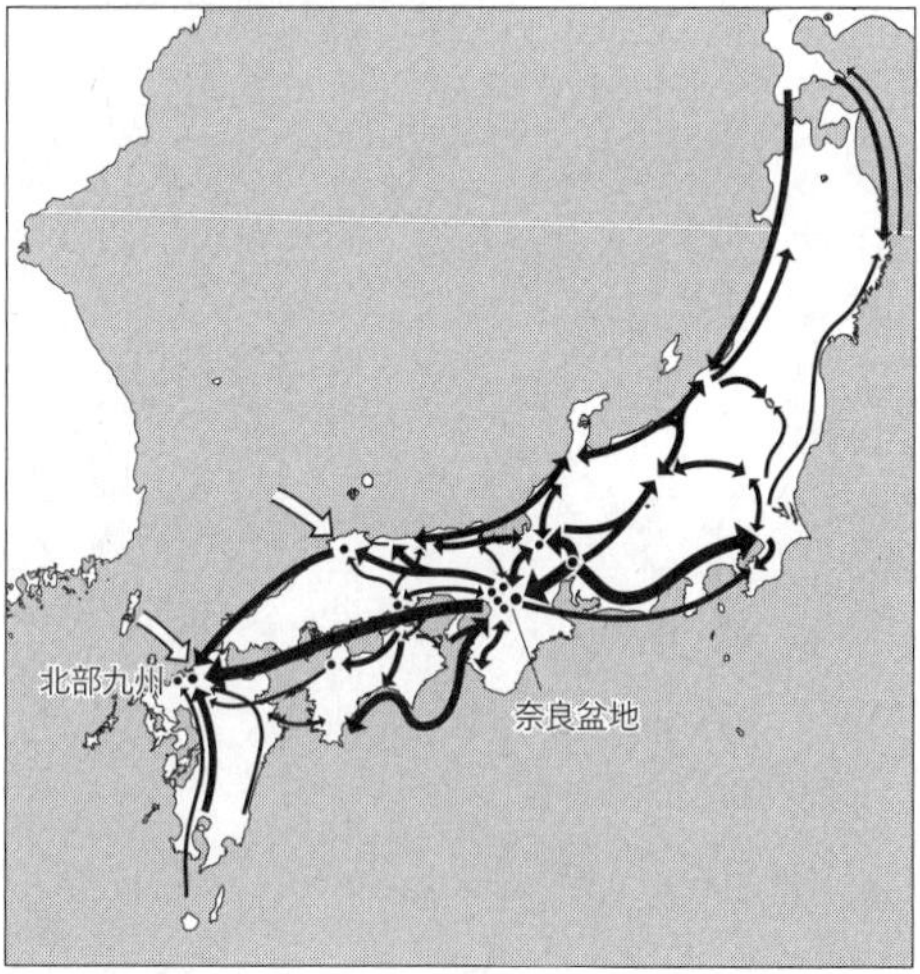

石野博信《いしのひろのぶ》は『唐古《からこ》・鍵《かぎ》遺跡の考古学』（田原本町《たわらもとちょう》教育委員会編　学生社）の中で、

縄文晩期の奈良県は、日本列島のなかの東方地域の西端の役割をもつのではないか。

と指摘している。まったくそのとおりだ。奈良盆地は、東側勢力の西側に飛び出た「半島」「岬」なのではないかと思えてくる。その証拠に、お雑煮《ぞうに》の餅《もち》は、「東」の「四角い餅を焼いて煮る」のに対し「西」は、「丸い餅を焼かずに煮る」という特徴があるが、奈良の場合、「丸い餅を焼いて煮る」という、折衷型になっている。意外にも、こういうところに、「古い歴史」「太古の記憶」が反映されていたのではあるまいか。

纒向遺跡が、「東側から奈良盆地に飛び出してきたちょうどそこ」に造られていたのも、引っかかる。もし通説が考えるように、ヤマト政権が「西側の人びとによって造られた」というのなら、はたして「東側から寝首を掻《か》かれそうな場所」に、都を置くだろうか。もし筆者なら、生駒山《いこまやま》や葛城山《かつらぎさん》の山麓に、拠点を構える。物部氏の祖のニギハヤヒは天磐船に乗ってヤマトに乗り込んできたが、奈良盆地の北西部の丘陵地帯に、多くの伝承を残す。それは、彼らが吉備からヤマトに乗り込んだからだろう。黎明期の政権で主導権争いがくすぶる中、「いざとなれば故郷に逃れられる場所」「味方の援軍がやってくる方角」に拠点を造ろうとするのが人情というものだ。とするならば、最初にヤマトの「経営」に乗りだしたのは、「東の勢力」で、「ヤマトに東が乗り込んで発展したら、厄介《やっかい》なことになる」と、吉備と出雲は、あわてて「ヤマト建国」の新潮流に乗ってきたのではなかったか。一気にヤマトが成立したその理由も、こう考えれば謎が消える。

そして、ヤマト建国によってなぜ争乱が収拾されたのかといえば、「東」が「奈良盆地の重要性」に気づき、東西日本の交差点であり、西からやってくる文物の堤防の役目を負っていた奈良盆地を支配したことで、「西」があわてたからだろう。鉄や先進の文物を奪い合う時代から、みなで分け合う時代が到来したのだ。

また、この時代の東の行動力がずば抜けていたことは、第七章ではっきりとさせる。

ヤマト建国で尾張（東海地方）の活躍がめざましかったのに、『日本書紀』が無視したのは、『日本書紀』編者が「情報をもっていなかった」からではなく、歴史を記録していくうえで、尾張が邪魔だったからだろう。

『日本書紀』編纂《へんさん》時の権力者は中臣《なかとみの》（藤原《ふじわら》）鎌足《かまたり》の子・藤原不比等《ふじわらのふひと》だ。藤原氏は渡来系の成り上がり者で（拙著『ヤマト王権と十大豪族の正体』PHP文庫）、箔《はく》をつけるために、「位《くらい》の高い神」をよそさまから奪い取った。それが、鹿島神宮《かしまじんぐう》（茨城県鹿嶋《かしま》市）の武甕槌神と香取神宮《かとりじんぐう》（千葉県香取市）の経津主神《ふつぬしのかみ》だ。後者の経津主神は、物部系と考えられていて、ほぼ定説となっている。かたや武甕槌神は、尾張系ではないか、とする説がある（大和岩雄《おおわいわお》『神社と古代王権祭祀』白水社）。武甕槌神は「剣」にまつわる神で、しかも「尾張」の名を負《お》う神の子だった。

経津主神と武甕槌神は神話の中で常に行動をともにして出雲いじめに走っているが、物部氏と尾張氏の祖も、タッグを組んで、越《こし》を平定している。彼らは「吉備（瀬戸内海）＋東海」連合として、日本海勢力とヤマト建国後の主導権争いを演じたのだろう。

この、ヤマト建国来名門豪族でありつづけた「尾張」の祖神《そしん》を、藤原氏は奪い、この事実を悟られたくないがために、藤原不比等は『日本書紀』の中で、「尾張湮滅」を仕掛けたのだろう。

纒向が邪馬台国で決まったわけではない

最後に片づけなければならない問題は、邪馬台国畿内説である。

「魏志倭人伝《ぎしわじんでん》」には、二世紀後半から三世紀にかけて、日本列島のどこかに、邪馬台国があったと記録している。

邪馬台国は、倭国の中心のクニだ。倭国にはもともと男王が立っていたが、七〜八十年の間争乱状態がつづいたため、ともに女王を立てた。これが卑弥呼で、鬼道《きどう》に仕《つか》え、よく衆《しゅう》を惑わした。景初《けいしょ》三年（二三九）、魏に朝貢《ちょうこう》してきた。三世紀半ば、卑弥呼は邪馬台国の南側の狗奴国《くなこく》と争い、その渦中に亡くなる。男王が立てられるが、みな服さず、殺し合いが起きて千人以上の死者が出た。そこで卑弥呼の宗女《そうじょ》・台与《とよ》（壱与《いよ》）を立てた……。

纒向遺跡の全容が明らかになってくると、纒向が邪馬台国だったのではないかと考えられるようになった。時代がほぼ重なることが最大の理由だ。特に、古墳時代の幕開けとなった箸墓《はしはか》（箸中山古墳《はしなかやまこふん》）の造営が三世紀半ばと指摘する畿内論者は、「邪馬台国は纒向で決まった」と、豪語するにいたったのである。

しかし、結論を出すのはまだ早い。仮に、箸墓が三世紀半ばの造営だとしても、だからといって、箸墓が卑弥呼の墓だったことの証明にはならないからだ。

それだけではない。「箸墓は三世紀半ばの造営」かどうかも、はっきりとわかっていない。「もっとも古く見積もれば三世紀半ば」なのであって、邪馬台国北部九州論者たちは、

箸墓と三輪山（桜井市教育委員会文化財課提供）

「箸墓の造営は四世紀にずれ込む可能性もある。三世紀半ばという主張は客観的なデータを恣《し》意《い》的に扱った結果だ」

と、叫んでいる。

たしかにそのとおりなのだ。箸墓の年代観は、慎重に判断する必要がある。

箸墓の年代を巡ってもめているのは、炭素14年代法の「誤差」「年の幅」が、邪馬台国の時代に限って大きかったからだ。

すでに触れたように、炭素14年代法は、世界的に認められた年代測定法だが、炭素14が均等に減っていくわけではない。環境によって大きく差が出る。だから年輪《ねんりん》年代法などを駆使して補正していくのだが、何の因果か、三世紀半ばから四世紀にかけての数十年間は、炭素14の数値をグラフに当てはめると、該当する年代の幅が非常に大きい。だから、「もっとも古く見積もれば三世紀半ば」なのであって、「箸墓は卑弥呼の墓」という結論が先にあるから、恣意的な判断をしていると、糾弾《きゅうだん》されてしまったのだ。

そういうわけで、纒向が邪馬台国だったかどうかについては、まだ結論が出ていないのである。

ちなみに、筆者の邪馬台国論は、江戸時代の本居宣長《もとおりのりなが》の「邪馬台国偽僭説《ぎせんせつ》」に近い。ヤマトに一気に巨大な勢力が誕生したために、あわてた北部九州が、「われわれがヤマト（邪馬台国）」と、ニセの報告を魏にもたらし「親魏倭王《しんぎわおう》」の称号を獲得し、魏の虎の威を借りてヤマトに対抗しようとしたのだと考える。そして、ヤマトは邪馬台国を潰しにかかった……。このつづきは、他の拙著を参考にしていただきたい。

不気味なタニハ

ところで、奈良盆地の価値に「東」が気づいたからといって、後進地帯の人びとに何ができたのか、と不思議に思われる方も多いだろう。まさしく、これまでの史学界の反応がこれだった（いまだにそうなのだ）。

しかし、ヤマト建国直前の近江や「東」には、想像以上に大量の文物が流れ込んでいたようなのだ。「横流し」をしていたのは、「丹波《たんば》（丹後も含む）」や「但馬《たじま》」である（筆者はこの地域を「タニハ」とひとくくりにしている）。

タニハといっても、あまり注目されてこなかったが、ヤマト建国の裏事情を知る上で、タニハは無視できない。

すでに述べたように、弥生時代後期の北部九州は、ヤマトに鉄がまわらないように、出雲と吉備を取り込んでいたようだ。出雲は見返りに鉄を手に入れていたようで、富を蓄え、四隅突出型墳丘墓を造営していた。この埋葬文化は日本海を伝って越（福井県、富山県）に伝播《でんぱ》したが、なぜかタニハは四隅突出型墳丘墓を採用していない。だから、タニハは「日本海四隅突出型墳丘墓連合」に挟まれる形となり、遠交近攻策を取って、越後《えちご》と手を結んでいる。丹後地域の影響を受けた弥生墳丘墓が越後に残されている。

九州の後ろ盾を得て鉄と富を手に入れた出雲に対し、タニハは独自の鉄入手ルートを確保していたようで、次第に鉄の保有量を増やしていく。近年の発掘調査の結果、弥生時代中期後葉《こうよう》から後期にかけて、北部九州に引けをとらないほどの鉄や富を蓄えていたことがはっきりしてきたのだ。このころタニハでは玉造《たまつくり》が盛んになり、交易を積極的に行い、鉄器を手に入れたようなのだ。鉄だけではなく、大風呂《おおぶろ》南《みなみ》墳丘墓（京都府与謝郡与謝野町）から、ガラス製の釧《くしろ》（腕輪）が見つかっている。輸入品で、半透明の緑色をした一級品の玉だ。

タニハの存在に気づいた学者も、「後ろ盾にヤマトがいた」といっているが、これは怪しい。それほどヤマトに力があったとは思えない。むしろ、「次の一手」を模索しつづけていたのは、タニハのほうではなかったか。弥生時代後期から古墳時代初めにかけて、タニハは先進の文物を近江や畿内に送り込んでいたことがわかっている。

このタニハは、不気味な存在なのだ。『日本書紀』のヤマト建国にはまったく記録されていない。しかし、ヤマト建国後タニハは「沈黙の発展」を遂げていく。四世紀末ごろ、丹後半島には、巨大な前方後円墳が三基造営される。それが網野《あみの》銚子山《ちょうしやま》古墳（全長百九十八メートル。京都府京丹後《きょうたんご》市網野町）と神明山《しんめいやま》古墳（全長百九十メートル。京丹後市丹後町）、蛭子山《えびすやま》古墳（全長百四十五メートル。与謝郡与謝野町）など、日本海側最大級の古墳で、丹後の王がヤマトの大王に匹敵するほどの力をもっていたのではないかと考えられている。

タニハの「鉄だらけの王」

『日本書紀』は、尾張や東国がヤマト建国で活躍していたことを意図的に抹殺しているが、尾張や近江のみならず、タニハもきれいに抹殺している。タニハと鉄の関係も、記録されていない。

しかし、タニハには、「鉄の文化」が、しっかりと残された。タニハから近江にかけての地域が、この先日本有数の「鉄生産地帯」になっていったことが、発掘調査によって明らかになりつつある。最古の製鉄遺跡も、丹後半島で見つかっている。それが六世紀後半の最古の製鉄炉が見つかった遠所《えんじよ》遺跡（京丹後市）である。

遠所遺跡では五世紀末の炭窯《すみがま》と同時期の土器が出土しているため、実際にはこの時代に製鉄が始まっていたのではないかと疑われている。原料から製品に至るまでの、一貫した「工場（製鉄コンビナートと表現する考古学者もいた）」が見つかったことも、珍しかった。

遺跡の断崖には七つの横穴が残っているが、これは登窯《のぼりがま》のあとだ。本来なら八つあるはず（だから「ヤツメウナギ」の別称がある）で、ひとつは壊れてしまったのだろう。筆者が訪れた時は、遺跡はほぼ野ざらし状態になっていたが、崩れ落ちないだろうか。

鉄生産は、大量の燃料（木材）を用いること、製造方法を秘匿《ひとく》するために、移動して生産することが多かった。そのたびに、製鉄炉は破壊されていたのだ。だから、製鉄遺跡の発見はむずかしい。そういうことを勘案《かんあん》すると、日本の製鉄の始まりは、もっと早かった可能性がある。

丹後半島から西（直線で二十キロメートル）に目を向けると、興味深い遺跡があ

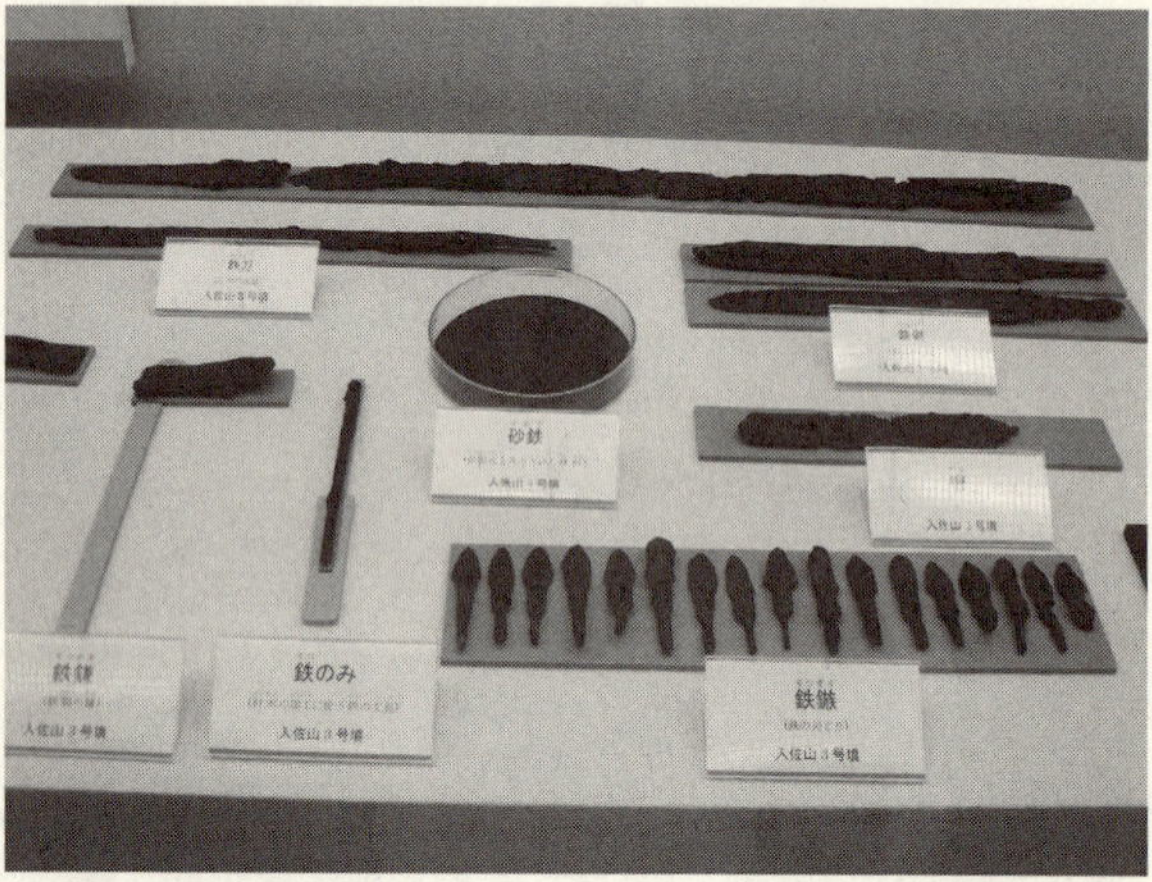

いずし古代学習館に展示されている入佐山三号墳出土の鉄製品など

る。それが、出石《いずし》の町外れの入佐山《いるさやま》三号墳（兵庫県豊岡《とよおか》市）だ。出石で思い浮かべるのは、朝鮮半島南部から渡来して大暴れした天日槍《あめのひぼこ》（ツヌガアラシト）だ。この人物も鉄と関係があったのだろう。

入佐山三号墳はほとんど知られていないが、無視できない。発掘された土器から、四世紀後半から末頃の造営と推定されている。長大な木棺直葬墓《もっかんちょくそうぼ》で、後漢《ごかん》鏡《きょう》が副葬されていた。さらに、頭部に砂鉄《さてつ》や鉄鎌《てつかま》、鉄斧《てっぷ》が、足元には鉄鏃《てつぞく》が十六本副えられていた。「鉄だらけの王」である。

はたして、製鉄技術をもたない人物が、「砂鉄」に囲まれていただろうか。

日本の製鉄の始まりが、四世紀にさかのぼる可能性（あるいは、さらに古くなる？）を高めるとともに、「タニハ」一帯の先進性と、富の蓄積を垣間《かいま》見る思いがする。そして、「タニハ」が大きな活躍をして、近江や東海が発展し、ヤマト建国につながっていったのではないかと思えてならない。だからこそ、『日本書紀』は「タニハ」の存在そのものを、ヤマト建国の歴史から抹消してしまったのではあるまいか。

第六章　鬼ノ城――楯築弥生墳丘墓と吉備の実力

一度「魏志倭人伝《ぎしわじんでん》」を脇に置く

「天皇陵を発掘しなければ、本当の日本の歴史はわからない」と、主張する人びとがいる。江上波夫《えがみなみお》の騎馬民族日本征服説に影響されて、「天皇は朝鮮半島からやってきた」と信じている人びとだ。天皇陵を発掘すれば、その証拠が出てくると思っているのだろう。また「天皇」に批判的な人びとも中にはいる。「結論ありき」では冷静な判断もできないだろう。宮内庁がこのような要求に応えないのは、むしろ当然のことと思われる。

もちろん、純粋な気持ちで、天皇陵を発掘してほしいとは思う。けれども、その前にやっておかなければいけないことは、いっぱいある。たとえば、ヤマト建国の真相を解明しなければならない。すでに述べてきたように、ヤマトの王はヤマト建国当時から祭司王《さいしおう》で、なぜ実権をもたない王が生まれたのか、大きな謎なのだ。ヤマトは弥生時代の混乱、争乱を一瞬で収拾してしまったのだが、その時、なぜ王は祭祀《さいし》に専念するようになったのだろう。

ところが史学者たちは、「邪馬台国《やまたいこく》は北部九州だ」「邪馬台国は畿内だ」と、不毛な論争をくり返すのみで、ヤマト建国の本当の謎に気づかないでいる。ヒントは、いたる所に埋もれているにもかかわらず……。

最大の謎であり、最大のヒントは、『日本書紀』がヤマト建国の歴史を抹殺《まっさつ》し、その過程で「無かったことにした地域」がいくつも存在したことだ。「尾張《おわり》」や「近江《おうみ》」、「吉備《きび》」、「北部九州」、そして、「タニハ」である。

なぜ『日本書紀』編者は、出雲《いずも》と日向《ひむか》を神話の舞台にしてしまったのだろう。そしてなぜ、ヤマト建国に貢献した地域を、歴史から消し去ってしまったのか……。邪馬台国論争よりも、よほど重要なことなのだ。

邪馬台国畿内論者は邪馬台国を北部九州沿岸部から「南」と記されているのは「東」と読みなおすべきだから、邪馬台国と争った邪馬台国の南の狗奴国《くなこく》は、ヤマトの東に位置する尾張だろうといってうなずき合っているが、一度「魏志倭人伝」の記事を忘れたほうが、よほど頭の整理がつくと思うし、ヤマト建国を色眼鏡《いろめがね》なしで俯瞰《ふかん》できると思う。そろそろ、「魏志倭人伝」にこだわるのは、やめにしてはどうだろう。

そして、「なぜ神話の舞台は出雲と日向だけなのか」「なぜヤマト建国に貢献した地域が邪魔になったのか」、この謎をヒントに切り替えて、新たな推論を立てることが必要とされているのではあるまいか。そして、答えを出すために、考古学の史料は、さらに重要になってくるはずなのだ。

そこで次に注目するのは、「吉備（岡山県と広島県東部）」だ。吉備はヤマト建国の中心に立っていた可能性が高い。ところが『日本書紀』は、吉備がいかに大切だったのか、まったく触れていない。『日本書紀』編者は、なぜ吉備を歴史から消し去ったのだろう。

吉備で大量の桃の種が見つかった

世間一般にはほとんど知られていないが、吉備では大騒ぎになっているのが、「桃の種の発見」である。

「桃の種」といえば、纏向《まきむく》遺跡がすぐに思い浮かぶ。平成二十一年（二〇〇九）に発見された大型掘立柱《おおがたほったてばしら》建物の南側の土坑から、平成二十二年（二〇一〇）に二千七百六十五個の桃の種が見つかった。全国紙で邪馬台国最有力候補地の女王卑弥呼の宮殿と目される大型建物跡で、祭祀用の桃の種と竹製のカゴが発見されたと報じられ、「卑弥呼の桃」は、古代史愛好家を驚かせた。それまで、一ヶ所の遺跡から出土する桃の種は、せいぜい数十個だったから、驚異的な数の桃の種だ。

さらにその次の年には、同じ土坑から、マダイ、アジ、サバ、コイ、イノシシ、シカ、カモの骨が出てきた。これらは供物《くもつ》と考えられ、桃も祭祀に用いられていたと考えられている。

桃は古来、不老長寿《ふろうちょうじゅ》、魔除けの呪力《じゅりょく》をもつと信じられていた。道教《どうきょう》の女神・西王母《さいおうぼ》は崑崙山《こんろんさん》（伝説の聖山）に住み、桃園《とうえん》（モモ畑）を所有し、三千年に一度だけ咲き実をつける仙桃《せんとう》（不老不死の力をもつ）を栽培《さいばい》していた。そしてこれを、長寿を願っていた前漢《ぜんかん》の武帝《ぶてい》に与えたと伝わる。

「桃源郷《とうげんきょう》」は山中他界で中国人のユートピアだった。桃の原産地は中国の北西部で、「毛」が実を覆っているので「毛毛（もも）」になったという話がある（本当らしい）。日本で最古の桃は、縄文晩期の桃の種だ。

古墳時代後期まで幅を持たせるならば、桃の種は各地でみつかっている。布留《ふる》遺跡（奈良県）は千五百四十六個、南滋賀《みなみしが》遺跡（滋賀県）から五百二十個、前田《まえだ》遺跡（島根県）から四百八個以上見つかっていて、纒向が突出していたわけではないのだ。しかも平成九年（一九九七）には、岡山県倉敷《くらしき》市北区の上東《じょうとう》遺跡で、桃の種が大量に発見されていた。数え切れないほどで、のちに九千六百八個と判明する。これが吉備の桃である。

上東遺跡は足守川《あしもりがわ》の西岸の弥生時代後期の遺跡で、山陽新幹線建設のために、昭和四十六年（一九七一）から発掘作業が進められた。だから、今は遺跡のすぐそばを新幹線の高架が走っている。

かつては「吉備の穴海《あなうみ》」と呼ばれる内海《うちうみ》が目の前まで迫っていた。突堤状《とっていじょう》の「船着場《ふなつきば》」も見つかっている。また、同時代の製塩炉《せいえんろ》（東西一・五メートル、南北一メートル）と数百個分の製塩《せいえん》土器が見つかっている。当時は、吉備の中核的集落だった。

こうなってくると、「纒向で桃の種が大量に発見されたから、卑弥呼が祭祀を行っていた。つまり纒向は邪馬台国だ」という決めつけはできなくなった。

やはり問題は、纒向ばかりがもてはやされ、周辺の発見が軽視される傾向ではなかろうか。

何度も言うが、邪馬台国論争など、ちっぽけな問題なのだ。それよりも大切なのは、ヤマト建国の真相とヤマトの王（大王《おおきみ》・天皇）の正体であり、なぜ、弥生時代の戦乱状態が、ヤマト建国によって収拾されたのか、そしてなぜ、ヤマトの王は最初から祭司王の地位に甘んじたのか、ということであろう。

そして、『日本書紀』はヤマト建国に貢献した地域の記事をあえて抹消したのだとすれば、「そこにヤマト建国の謎解きの鍵が隠されていた」のであって、上東遺跡の桃の種も、新たなヒントとして、見つめ直す必要があると言いたいのである。

なぜ吉備が重要なのか

『日本書紀』が無視したにもかかわらず、次第に吉備の重要性が指摘されるようになった。その理由は、いくつもある。

まず、五世紀前半、吉備は日本でもっとも豊かな地域だった。それがわかるのは、巨大前方後円墳《ぜんぽうこうえんふん》の存在だ。

吉備を代表する前方後円墳は、五世紀前半に造られた造山《つくりやま》古墳（岡山県岡山市北区新庄下《しんじょうしも》。全長三五〇メートル）と作山《つくりやま》古墳（総社市《そうじゃし》三須《みす》。全長二百八十五メートル）で、天皇陵を含む日本全国の前方後円墳の中で、第四位と九位の規模を誇る。日本で有数の巨大前方後円墳なのである。

造山古墳の墳頂部《ふんちょうぶ》には円筒埴輪《えんとうはにわ》が並んでいた。また、家形《いえがた》、盾形《たてがた》、蓋形《きぬがさがた》埴輪などの器台《きだい》埴輪が並んでいた。

驚くべきは、造山古墳が造営されたほぼ同時代に造られたヤマトの前方後円墳（大王の墓だろう）の全長が、三百六十五メートルだったことで、造山古墳とほとんど大きさが同じだったのだ。また、それまでに造られていた天皇陵で最大のものは、渋谷向山《しぶたにむかいやま》古墳（伝景行《けいこう》天皇陵）の全長三百メートルだったから、吉備の勢いを感じずにはいられないのである。

ちなみに、造山古墳と同時代、同等の大きさの天皇陵は全国第三位の石津ヶ丘《いしづがおか》古墳（伝履中《りちゅう》天皇陵）で、このあと、全国第一位と第二位になる大仙陵《だいせんりょう》古墳（仁徳《にんとく》天皇陵《てんのうりょう》。大阪府堺《さかい》市）と誉田御廟山《こんだごびょうやま》古墳（応神《おうじん》天皇陵。大阪府羽曳野《はびきの》市）の超巨大古墳が畿内で造営される。それぞれの全長は、四百八十六メートルと四百二十五メ

造山古墳（岡山市北区。岡山市提供）

ートルだ。

　前方後円墳の大きさを比べれば、吉備の王がヤマトの王と肩を並べるほど、力を蓄えていたと考えるのが一般的かもしれない。しかし実際には、真の力を保っていたのは、吉備のほうではなかろうか。

　すでに述べたように、多くの地域の首長が集まってヤマトは建てられた。そしてヤマトの王は祭司王であり、実権を握っていたのは取り巻きたちだった。前方後円墳体制は、ヤマトの祭司王の権威という幻想の上に成り立っていた。そして、ヤマトの王のもとに集められた威信《いしん》財《ざい》が、各地の首長たちに配られたのである。

だから、ヤマトの王のために造られた前方後円墳は、「権威を保つための装置」であり、王の実力（富と権力）とは比例していないのではあるまいか。

かたや吉備の二つの前方後円墳は、「われわれは、いつでもヤマトの王を超すことができるが、それをやってしまっては身も蓋《ふた》もない。ヤマトの秩序を守るために、王の墓よりも小さく造ります」とでも言いたげだ。余裕さえ感じてしまうのだ。ヤマト建国の中心に立っていたのは吉備であり、その後のヤマトを実質的に動かしていたのも、吉備だったのだろう。

特殊器台形土器《とくしゅきだいがたどき》と楯築弥生墳丘墓《たてつきやよいふんきゅうぼ》の謎

吉備が注目を集めている最大の理由は、ヤマト建国に関わっていた可能性が高くなってきたからだ。よくわかる例は、「特殊器台形土器」と「楯築弥生墳丘墓（岡山県倉敷市）」だろう。どちらもヤマト建国の直前、吉備で誕生した新しい埋葬文《まいそう》化で、これがヤマトに持ち込まれ、前方後円墳が完成したのだ。

特殊器台形土器は、特殊壺形《つぼがた》土器を乗せる台になる土器で、ふたつをセットで使用する。首長霊《しゅちょうれい》を墳丘墓上で祀《まつ》るための道具だ。

普通の器台や壺は、弥生時代中期以降、西日本や東海、北陸で使用されていた。器台形土器は北部九州に生まれ、各地に広まっていった。ただし、二世紀になると近畿では衰退し、逆に二世紀後期後葉《こうよう》に吉備一帯で進化していき、巨大化した。一メートルを超えた大きさになり、そこに、やはり大ぶりな特殊壺形土器を乗せた。最初は、神を祀る道具だった。酒や米をもり、祀る者が祀られる神と飲食をともにした。これを「相嘗《あいなめ》」という。のちに、首長霊を祀るために墳丘墓上に並べられたのだ。ちなみに特殊器台形土器は、埴輪の御先祖様だ。

神祀《かみまつ》りに用いていた土器が、吉備では、墓で用いられるようになったのだ。首長を神格化して、墳丘墓上で首長霊を祀るために、特殊器台形土器と特殊壺形土器が用いられた。そしてこの様式が、そっくりヤマトに持ち込まれ、前方後円墳に並べられたのである。

特殊器台形土器は筒型《つつがた》で上下に大きな口を開けている。横に平行な文様帯が六〜

楯築弥生墳丘墓（倉敷市）

十条ほどあり、独特の紋様《もんよう》（帯状《おびじょう》の弧《こ》）が彫り込まれ、平行な筋の無文帯《むもんたい》が交互に走り、丹《に》が塗られている。これとそっくりな紋様は、楯築弥生墳丘墓に鎮座する楯築神社の御神体の弧帯文石《こたいもんせき》（九十三センチ×八十八センチ）に刻まれている。六〜八センチの帯の中に、十本前後の線が刻まれ、帯は円を描き、絡み合っている。この幾何学紋様は、いったい何を表しているのだろう。

吉備の古代史を考える上で、楯築弥生墳丘墓は避けて通ることはできない。

楯築弥生墳丘墓のもうひとつの不思議は、墳丘上に巨大な花崗岩《かこうがん》の立石《りっせき》が五個屹立《きつりつ》していることだ。最大の三号立石は長さ約三・八メートル、最大幅二・九メートル、厚さが一番下の部分が二十五センチの花崗岩だ。まるで、キューブリックの映画「二〇〇一年宇宙の旅」に登場する黒い謎の板のような「モノリス」を思い出す。かと思いきや、ベンチか腰掛けに見える石もちょこんと据《す》えられている。斜めになった立石の上で、昔は子供たちが滑り台のようにして遊んでいたらしい。

ちなみに、「楯築」の名の由来は温羅《うら》伝説に求められる。五十狭芹彦命《いさせりびこのみこと》が鬼ノ城《きじょう》の温羅に対抗するために、防禦《ぼうぎょ》のための石の楯《たて》を立てたとあり、これが、立石のことで、「楯を立てて築いた」から「楯築」になったという。

吉備に残された個性的な遺物

吉備は、実に個性的なものを造り出す地域だ。特殊器台形土器が並べられた楯築弥生墳丘墓も、奇妙な形をしている。すでに触れたように、円墳《えんふん》（約四十メートル）の両側に四角い出っ張り（長さ二十二メートル、幅十四メートル）があって（正確には、「あった」）、これを「双方中円式墳丘墓《そうほうちゅうえんしきふんきゅうぼ》」というややこしい名前で呼んでいる。円丘部《えんきゅうぶ》の両側にしつらえられた方形部《ほうけい》は、左右対称ではなく、歪《ゆが》んでいるのも、興味深い。すべてが残っていれば、全長八十メートルぐらいあったのではないかと考えられている。

二世紀の終わりごろ（弥生時代後期後葉）に造られた。ただし、住宅団地造成工事のために、未調査のまま、破壊されてしまっている。今残っているのは、円形部分で、南西突出部《とっしゅつぶ》が一部生き残っているのは、給水塔を建てるために破壊されなかったからだ。無粋な構造物で、「ここが日本を代表する遺跡か？」と驚かされる。

円丘部の周囲に列石《れっせき》が並べられていたこともわかっている。

楯築弥生墳丘墓の特徴のひとつに、木槨《もっかく》（棺《かん》を収納する木の枠組み）と附随する排水溝がある。何重にも水を遮断し、その上で、木槨の中に入り込んだ水を、効率的に排水溝に排出する仕掛けが施《ほどこ》されていて、遺体を保護するカラクリが用意されていたのだ。それまでにはなかった発想である。

木槨は円形の墳丘の真ん中にあり、棺が納められ、棺の底には三十キロ以上という大量の朱《しゅ》が敷かれていた。他の遺跡では考えられない量だ。また副葬品《ふくそうひん》には、鉄剣やヒスイの勾玉《まがたま》、碧玉《へきぎょく》の管玉《くだたま》、ガラスの小玉《こだま》が埋納《まいのう》されていた。

墓壙《ぼこう》の中央付近に握りこぶしほどの大きさの円礫《えんれき》が堆積《たいせき》（円礫堆）していた。厚さは六十センチから一メートルで、元々は、埋め戻された主体部の上に盛りあがっていた物だとわかった。円礫とともに、特殊器台形土器、特殊壺形土器など多くの儀礼用の道具類が埋葬主体部の上に集められていた。そして、その中から、御神体の弧帯文石の文様が描かれた石片がいくつも見つかったのだ。このため、楯築神社の御神体の弧帯文石も、もともと墳丘墓上に副《そ》えられていたこと、もうひとつは、粉々に壊して円礫堆に置かれていたこともわかったのだ。

鬼ノ城

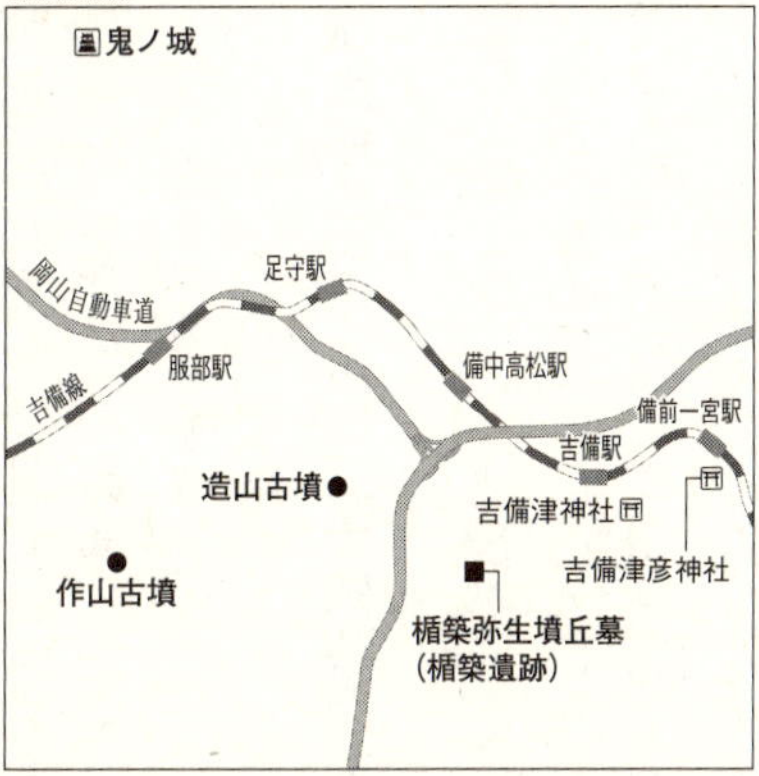

ちなみに、楯築弥生墳丘墓以前の吉備地方の集落から、弥生時代中期から後期の器台が見つかっていて、これは共飲共食をする農耕儀礼に使用したと思われる。その後弥生時代後期後半には、首長墓が出現し、同時に集落遺跡の器台が激減し、入れ替わるように、楯

築弥生墳丘墓などの首長墓に巨大化した特殊器台形土器と特殊壺形土器が登場した。また、特殊壺などの底に穴があいているのだが、これはわざと非実用的な道具にして、象徴的な祭祀を行うようになったと考えられている。

桃太郎のモデルは五十狭芹彦命（吉備津彦命《きびつひこのみこと》）

吉備と言えば、桃太郎伝説で名高いが、「桃太郎の物語」そのものの成立は、それほど古いものではない。人口に膾炙《かいしや》した「桃から生まれた桃太郎」「キビ団子を褒美《ほうび》にあげた」という説話は、江戸時代に完成したらしい。

ただし、「桃太郎のモデル」となった人物は、存在した。それが、『日本書紀』に登場する五十狭芹彦命（吉備津彦）で、吉備では鬼の温羅を退治したと伝えられている。

その温羅退治をめぐる伝承地は、古代遺跡が多い。たとえば、吉備高原（岡山県の三分の二を占める標高二百〜六百メートルの高原状の山地）の南のへりに、鬼ノ城《きのじよう》（岡山県総社《そうじや》市奥坂《おくさか》の鬼城山《きのじようざん》。標高四百メートル）がある。鬼＝温羅の住まいだった

鬼ノ城（総社市）

という。実際には、七世紀に築城された山城《やまじろ》とわかっている。中大兄皇子《なかのおおえのみこ》（天智天皇《てんち》）が白村江《はくすきのえ》の戦い（六六三）に敗れ、各地に防衛のための山城を築いたが、鬼ノ城もその中のひとつとされてきた。ただし、最近、もう少し新しいのではないかと考えられるようになった。見つかった須恵器《すえき》甕《かめ》は、七世紀後半から八世紀後半にかけてのものだったからだ。

鬼ノ城の手前五百メートルの場所に鉄の釜（一・八メートル、深さ一・四メートル）があって、温羅が生贄《いけにえ》を茹《ゆ》でた釜で、鬼の釜と呼ばれている。列石と版築土塁《はんちくどるい》、石垣に城壁が備わっていた。東京ドーム六・四個分、三十ヘクタールの空中城郭だ。さらに、鬼ノ城の奥には、岩屋《いわや》の磐座《いわくら》群があって、ここも温羅伝説とかかわっている。この吉備津彦命の鬼（温羅）退治が、やがて桃太郎の物語に変化していったのである。

桃太郎伝承の発祥の地は吉備津《きびつ》神社（岡山県岡山市北区吉備津）だ。霊山「吉備の中山《なかやま》（鯉山《りざん》）」が、旧備前《びぜん》国と備中《びっちゅう》国をまたいでいて、山麓の備前側には吉備津《きびつ》彦《ひこ》神社（岡山市北区一宮）が鎮座する。それぞれが、一の宮で、吉備津彦命を祀っている。ただし、吉備津神社は吉備《きび》国総鎮守《こくそうちんじゅ》で、吉備を代表する神社だ。

ちなみに、吉備臣《きびおみ》の祖は桃太郎のモデルになった吉備津彦命ではなく、弟の稚武《わかたけ》彦命《ひこのみこと》だ。このあたりが、ややこしい。『日本書紀』の記事を信じれば、吉備臣は「吉備土着の豪族ではなく、天皇家の末裔《まつえい》でヤマトからさし向けられた」ということになってしまう。吉備の歴史は複雑だ。

現在の吉備津神社本殿《ほんでん》と拝殿《はいでん》は、中世神社建築を代表する国宝で、僧・重源《ちょうげん》が東大寺《とうだいじ》再建のために中国の僧から伝えた天竺様《てんじくよう》（大仏様《だいぶつよう》）という手法を用いた。これが「吉備津造《きびつづくり》」だ。ずば抜けて美しく、感動的だ。個人的な意見だが、日本一の神社建築ではなかろうか。曲線の美しさは吉備津神社、直線的な美しさは、住吉《すみよし》大社《たいしゃ》（大阪市住吉区）が群を抜いている。

吉備津神社に残された温羅伝説

そこで、吉備津神社に残る温羅の伝承を紹介しよう。あらすじは、次のようなものだ。

異国の鬼神《きじん》が吉備にやってきた。正体は百済《くだら》の王子で名を温羅といい、吉備冠者《きびのかじゃ》とも呼ばれていた。両目は爛々《らんらん》と輝き、髪の毛は燃えるように赤く、身長は一丈《いちじょう》四尺《よんしゃく》で、膂力《りょりょく》は絶倫《ぜつりん》、性格は荒々しく兇悪《きょうあく》だった。

温羅は備中国の新山《にいやま》に居城を築き、脇の岩屋山《いわやさん》に楯を構えて、海賊行為を繰り返し、婦女子を略奪した。人びとはおびえ、温羅の居城を「鬼ノ城」と呼び、窮状《きゅうじょう》を都に出向いて訴えた。

朝廷ももちろん、兵を繰り出した。武将を遣わし討たせたが、温羅は巧みに兵を動かし、神出鬼没、朝廷軍を煙に巻いた。そこで朝廷は、武勇の誉れ高い第七代孝《こう》霊《れい》天皇の子・五十狭芹彦命（吉備津彦命、またの名は大吉備津日子命《おおきびつひこのみこと》）を遣わすことにした。大軍を率いた五十狭芹彦命は、吉備の中山《なかやま》に陣取り、西の片岡山《かたおかやま》に石楯《いしたて》（楯築弥生墳丘墓）を築き防御を固めた。

しかし温羅の勢いはすさまじく、五十狭芹彦命でも手を焼いた。五十狭芹彦命の放った矢は、必ず空中で温羅の放った矢とぶつかり、海中に没した。そこで五十狭芹彦命は一計を案じ、強力な弓で、矢を同時に二本放って不意を突いた。一本の矢はやはり空中で落とされ海中に没したが、一本の矢は温羅の左目を射抜いた。流れ出した血は流水のようで、そこで血吸川《ちすいがわ》と呼ばれるようになった。

温羅はたじろぎ、キジとなって山中に逃れたが、五十狭芹彦命は鷹になって追った。すると温羅は鯉《こい》になって血吸川に逃げた。そこで五十狭芹彦命は鵜《う》になって鯉を嚙《か》んだ。これが、鯉喰宮《こいくいぐう》（鯉喰《こいくい》神社。倉敷市矢部《やべ》）の鎮座する由来である。

温羅は降参し、五十狭芹彦命に自分の名である「吉備冠者」を献上した。このため、五十狭芹彦命はここから、吉備津彦命と名を改めた（以下、吉備津彦命）。吉備津彦命は鬼の首をはね、串刺しにして曝《さら》した。これが、首部《こうべ》になった（岡山市首部の温羅の首塚がこれだ）。

埋められた温羅の首は、何年も大声で吼《ほ》えつづけ、その唸り声は響きわたった。

吉備津神社（岡山市北区）

吉備津彦命は配下の犬飼建《いぬかいのたける》に命じ、犬に首を食べさせた。けれども、髑髏《されこうべ》になっても吠えることをやめない。そこで吉備津彦は、温羅の髑髏を吉備津宮の釜殿《かまどの》のカマドの下に八尺の穴を掘って埋めさせた。それでも、なお十三年の間、唸りつづけ、近隣の里に響きわたった。

ある時、吉備津彦の夢枕に温羅が現れ、次のように告げた。

「私の妻で阿曽郷《あぞのさと》（総社市と岡山市をまたいだ地域）の祝《はふり》の娘・阿曽媛《あそひめ》に釜殿の神饌《みけ》を炊《た》かせるよう求めた。もし何か世の中にことあれば、ここで占いなさい。すなわち、吉ならばゆたかに鳴り、凶ならば荒々しく鳴るという。吉備津彦は世を捨てたあと霊神となって下さい。私は、使者となって民に賞罰を加えましょう」

このように、吉備津宮の釜殿は温羅の霊を祀り、その精霊を「丑寅《うしとら》みさき」というのである。


これが、温羅と吉備津彦命にまつわる、吉備津神社の伝承である。

もちろん、これが史実だったとは思えないが、古代遺跡や古代史に密接にかかわる場所が登場するから、無視できない。

出雲いじめをしていた吉備津彦命

温羅と吉備津彦命の物語は、すでに平安時代末までには、誕生していたようだ。当時の歌謡集『梁塵秘抄《りようじんひしよう》』に「艮《うしとら》（丑寅）みさき（鬼門《きもん》を守る鬼神＝温羅の精霊）の恐ろしさ」という記事が載る。温羅を祀る神事そのものが記録されたのは、室町時代のことだ。江戸時代になっても、評判は全国に知れ渡っていたようで、明和《めいわ》五年（一七六八）に成立した読本《よみほん》『雨月物語《うげつものがたり》』も、「吉備津《きびつ》の釜」を採りあげている。

このように、かなり早い段階で吉備津彦命が注目されていたのは、『日本書紀』や『古事記《こじき》』に、「吉備津彦命の物語」が記されていたからだろう。

『日本書紀』と『古事記』は、吉備津彦命を第七代孝霊《こうれい》天皇の子と言っている。『日本書紀』には、吉備津彦命の具体的な行動が出てくる。崇神《すじん》十年に吉備津彦命は四道《しどう》将軍のひとりとして西道《にしのみち》（山陽道）に遣わされようとした。ところがその前に武埴安彦《たけはにやすびこ》の謀反《むほん》が勃発《ぼっぱつ》し、この鎮圧にさし向けられた。そしてこののち、西道の夷狄《いてき》を平らげたのだ（言向《ことむ》け和平《やは》した）。そして五十年後に、吉備津彦命は出雲に赴いている。大切な場面なので、いきさつを追ってみよう。

崇神六十年秋七月、天皇は群臣《まえつきみ》に詔《みことのり》して、次のように語った。

「武日照命《たけひなてりのみこと》（出雲臣の祖）出雲大神の宮（杵築大社《きづきのおおやしろ》＝出雲大社、あるいは熊野《くまの》大社）に祀られる出雲国造家《こくそうけ》の祖の武日照命が天から持ち来たった神宝《かんだから》を、観《み》てみたい」

そこで矢田部造《やたべのみやつこ》（物部《もののべ》系）の遠祖《えんそ》・武諸隅《たけもろすみ》を遣わした。

出雲の神宝を管理していたのは、出雲臣の遠祖・出雲振根《いずもふるね》だったが、この時出雲振根は筑紫《つくし》（九州）に出向いていたので、弟の飯入根《いいいりね》が対応し、素直に命令に従い、神宝を献上したのだった。

筑紫から戻ってきた出雲振根はその話を聞いて、激怒した。

「私が帰ってくるまで、なぜ数日待てなかったのだ。なぜかしこまって簡単に神宝を渡してしまったのだ」

と、弟を誹《そし》った。怒りのおさまらない出雲振根は、とうとう弟をだまし討ちにして殺してしまう。そこで崇神天皇は吉備津彦命と武渟河別《たけぬなかわのわけ》（四道将軍のひとり。東海地方にさし向けられた）を遣わし、出雲振根を成敗させたのである。

実在の初代王と目される崇神天皇の治政下で吉備津彦命が「朝廷に逆らう出雲振根を退治した」と記されている。出雲いじめに向かったのが、物部系の矢田部造と吉備津彦命だったことも、無視できない。

吉備（物部）とヤマトタケル（尾張）の関係

これまで述べてきたように、筆者は「物部氏の祖・ニギハヤヒは吉備からヤマトに乗り込んだ」と考える。だから、「吉備の名を冠した人物と物部氏が出雲いじめに向かった」という話を、「とるに足らないお伽話《とぎばなし》」と、笑殺することはできない。

ここで注目しておきたいのは、「吉備とヤマトタケルのつながり」だ。

すでに述べたように、吉備臣の祖は五十狭芹彦命（吉備津彦命）ではなく五十狭芹彦命の弟だ。『日本書紀』はこの人物を稚武彦命といい、『古事記』は御鉏友耳建日子《みすきともみみたけひこ》といっている。その御鉏友耳建日子は、ヤマトタケル東征の場面に現れる。ここで吉備とヤマトタケルがまずつながる。

稚武彦命の長女と次女は、どちらも景行《けいこう》天皇に入内《じゅだい》している。姉の播磨稲日大郎姫《はりまのいなびのおおいらつめ》は、大碓命《おおうすのみこと》と小碓命《おうすのみこと》の双子を産んでいる。小碓命がヤマトタケルである。やや複雑な系譜だが、ここでも吉備とヤマトタケルが結びつく。

また、ヤマトタケルは吉備臣建日子《きびのおみたけひこ》の妹を娶《めと》ったといい、吉備臣建日子は御鉏友耳建日子と同一人物ではないかと疑われている。それだけではない。ヤマトタケルの母は、吉備臣らの祖・若建吉備津日子命《わかたけきびつひこのみこと》の娘とも記されている。このように、なぜかヤマトタケルは「吉備の人脈」に囲まれていたのだ（普通ではない）。

筆者は『神武東征とヤマト建国の謎』（ＰＨＰ文庫）の中で、ヤマトタケルの末裔が尾張氏ではないかと疑った。尾張氏はヤマト黎明《れいめい》期の王家と婚姻関係を結び、「ヤマトの王家を構成する三つの氏族のひとつ」と考えた。しかもその三つの氏族は、大和三山《やまとさんざん》で象徴される三氏族だった。尾張氏の祖に天香語山命《あまのかぐやまのみこと》がいて、天香具山《あまのかぐやま》こそ、尾張氏の山だと推理した。

また、ヤマトタケルは第十二代景行天皇の子だから、ヤマト黎明期の人物ではないが、実際にはヤマト建国時の歴史を、くり返して語るために創作された人物であろう。ヤマトタケルの孫で第十五代応神《おうじん》天皇がまるで神武東征のように、九州からヤマトに向かうのも、ヤマト建国時の話を何度もくり返して語られたからと考える。

問題は、ヤマトの王家を構成するもうひとつの氏族が物部氏だったこと、物部氏と尾張氏は常に行動を共にし、出雲潰《つぶ》しに走り、東国経営に乗り出している。この事実を、『日本書紀』は抹殺してしまったが、それでも神話やお伽話の中に、真実は隠されていた。それが、ヤマトタケルである。

ヤマトタケルは熊襲《くまそ》征討のために九州に赴き、帰りがけ、出雲に立ち寄り出雲いじめをした。そして、ヤマト帰還後、東国平定を命じられたのだ。この動きは、物部氏と尾張氏のヤマト建国直後の行動そのものではなかったか。そして、物部氏が私見どおり吉備出身で、ヤマトタケルが尾張氏の祖とすれば、なぜ吉備とヤマトタケルの人脈が、強く結ばれていたのか、その理由がはっきりとわかってくるはずである。

要は、吉備（物部）とヤマトタケル（尾張）がヤマト建国の柱になっていたのに、『日本書紀』はこの事実を抹殺するために、ありとあらゆる手段を駆使し、嘘だらけの歴史記述になったということだろう。

第七章

箸墓古墳——前方後方墳から巨大前方後円墳の時代へ

前《ぜん》方《ぽう》後《こう》円《えん》墳《ふん》体制と物《もの》部《のべ》氏

古墳時代とは、纒向《まきむく》遺跡に前方後円墳が出現し、各地の首長《しゅちょう》がこの新たな埋葬《まいそう》文化を受け入れ、前方後円墳を頂点とする墳墓のヒエラルキーに組みこまれていった時代を指している。だいたい、三世紀後半から、六世紀末、七世紀初頭のことだ。

ここでまず指摘しておきたいのは、物部氏の盛衰《せいすい》と前方後円墳の時代が、リンクしていることだ。

物部氏の祖のニギハヤヒはヤマトで主導権を握っていた。神武東征《じんむとうせい》は征服戦ではなかったし、実際にはニギハヤヒは、名を捨て実を採ったのであって、神武は祭司《さいし》王《おう》に立てられたにすぎない。また、ヤマトの祭祀《さいし》形態は吉備《きび》からもたらされ、物部氏の強い影響のもとに構成された。天皇家の信仰は、物部氏の祭祀形態を継承したのではないかと疑われている。つまり、「神道」の基礎に物部氏が立っていた可能性が高いのだ。これまでその意味はほとんど解明されてこなかったが、物部氏が吉備からやってきたと考えれば、むしろ当然のことだったと理解できる。

古墳時代の幕引きも、物部氏がからんでいる。物部守屋《もののべのもりや》と蘇我馬子《そがのうまこ》の仏教導入をめぐるいさかいだ。

仏教公伝（五三八あるいは五五二）以来、物部氏は「国神《くにつかみ》の怒りを買う」と、崇《すう》仏《ぶつ》派を牽制《けんせい》した。そして、疫病《えきびょう》が流行《はや》ると、「蕃神《あたしくにのかみ》を祀《まつ》ったからだ」と批難し、仏寺を破壊し、仏像を難波《なにわ》の堀江《ほりえ》に捨てたのだ。ヤマトの仏像をわざわざ大阪まで運んだのは、「疫病神＝仏像」を、生活圏（境界）の外に追い出すつもりだったのだろう。

しかし、蘇我馬子は朝廷の主だった者の加勢を得て、物部守屋を攻め、滅ぼしてしまった。こうして、物部氏の築いた一つの時代に幕は下ろされ、ほぼ同時に、前方後円墳体制は終わったのだ。これは偶然ではなく、前方後円墳体制の中心に物部氏がいて、物部氏の構成した信仰形態を守ってきたのが、古墳時代のヤマトの王家だったのである。

この私見をそのまま照らし合わせれば、一時期盛んに唱えられた三王朝交替説を、素直に採用するわけにはいかなくなる。第一、祭司王の地位を巡って争う必要はなかったわけで、起こりうるとすれば、「だれが天皇を担ぎ上げるか」の争いで、それは「だれがヤマトで一番実力と富を蓄えるか」の競争でもあっただろう。少なくとも、「力による政権交替」を想定することはむずかしく、また、古墳時代のヤマトを実質的に動かしていたのは、物部氏だったと、察しがつく。事実、物部氏は日本最大の豪族にのし上がったのであり、広大な領土と多くの民を抱えていたのである。

前《ぜん》方《ぼう》後《こう》方《ほう》墳《ふん》は三世紀初頭の近江《おうみ》で生まれた

ただ話を進める前に、もう一度ヤマト建国の前後に話を戻したい。前方後方墳(前方後円墳ではない)の謎を追ってみたいからだ。

ヤマト建国で、残しておいた謎がある。それは、なぜ鉄の過疎《かそ》地帯だったヤマトが、国の中心になりえたのか、なぜ、「この指とまれ」というように、一気に各地の首長がヤマトに集まってきたのだろう。

そこで鍵を握っていたのは、前方後方墳ではないかと思うのだ。

かつて、「前方後方墳は不思議な墳墓」と考えられていた。前方後円墳を頂点にしたヒエラルキーの二番目に位置すると考えられていたが、その一方で古墳時代に出雲《いずも》で盛行し、しかも北関東でも密集地帯が見つかっていたので、出雲に生まれて東に伝わったと考えられていたのだ。

ところが、研究が進むにつれて、前方後方墳は三世紀初頭に伊勢《いせ》湾沿岸で造られたのではないかと疑われるようになった。そして最近では、「まず近江に生まれた」と唱える学者が登場した。それが植田文雄《うえだふみお》で、纒向と近江、東海の土器編年《どきへんねん》と前方後方墳の年代観を洗い直したのだ。そして、出現期の前方後方墳を五つの時期にわけ、一期（誕生当時の前方後方墳）は、廻間《はざま》遺跡（愛知県清須《きよす》市廻間）、法勝寺《ほうしようじ》遺跡（滋賀県米原《まいばら》市）、神郷亀塚《じんごうかめづか》古墳（滋賀県東近江《ひがしおうみ》市）、九宝寺《きゆうほうじ》遺跡（大阪府八尾《やお》市）で、この中でもっとも古いのは、神郷亀塚古墳だと突きとめたのだ。出土した土器は弥生時代後期末のもので、墓が完成したのは、遅くとも庄内式《しようないしき》古段階、纒向遺跡の出現と、ほぼ同時だった。そして、この時期に造られた前方後円墳は、纒向遺跡の纒向石塚《いしづか》古墳だけだったというのである。

前方後方墳はこのあと、近江から各地に伝わっていく。前方後方墳では葬送《そうそう》用の

前方後方墳の神郷亀塚古墳（東近江市）

初期の前方後円墳である纒向石塚古墳（桜井市）

祭具《さいぐ》に手焙《てあぶりがた》形土器が用いられていたが、関東の前方後方墳で見つかったのは、近江系だった。

すでに触れたように、近江の発展は、「タニハ」の暗躍による。「タニハ」は「九州＋出雲連合」の圧迫を受けていたから、越後《えちご》のみならず、近江や濃尾《のうび》、ヤマトにも味方を作ろうと躍起になっていたのだろう。

前方後方墳は第二期に富山に一基、第三期には、関東、信州、北陸、畿内に伝播《でんぱ》していく。第四期には、瀬戸内海、北部九州、東北にも伝わっていく。佐賀県の吉《よし》野《の》ヶ里《がり》遺跡でも、この時造られている。第五期には、関東で盛んに前方後方墳が造られていたのだ。

問題は、ヤマトの前方後円墳が各地に受け入れられるよりも早く、前方後方墳のほうが、ネットワークを構築しかけていたということなのだ。前方後方墳の広がりを観て、あわてて前方後円墳が、かぶさっていったというイメージなのだ（『「前方後方墳」出現社会の研究』植田文雄　学生社）。

る。

ヤマト建国のカラクリ

前方後方墳の様子がわかってくると、ヤマト建国の見方も、だいぶ変わってくる。

次の推理は許されないだろうか。

ヤマト進出を最初に仕掛けたのは、吉備だったかもしれない。それは、ヤマトの東側が、かつてないほど、元気になっていたからではなかったか。タニハが独自の流通ルートを確保し、裏から「新興勢力協力体制」を整えつつあり、彼らがその勢いのままヤマトに乗り込めば、手遅れになるという吉備の判断である。

その一方で、「東の新興勢力」は、「とにかくネットワークの構築」を急ぎ、「西よりも出遅れていた状態を挽回《ばんかい》したい」と、躍起になっていたのかもしれない。

『日本書紀』に、ニギハヤヒは、ヤマトに入り、先住の長髄彦《ながすねびこ》と手を組んだとある。筆者は長髄彦こそ、尾張系と睨《にら》んでいるから、どちらが先にヤマトに入ったのかはわからないが、吉備と東側の勢力との間に、同盟関係が成立したのだろう。そして、吉備がもちこんだ埋葬文化に他地域の要素を加え、前方後円墳は完成したのだ。

この間、ヤマトが混乱もないままにまとまったとは思えない。出雲はいったん没落しているし、弥生時代の日本列島でもっとも繁栄を誇っていた北部九州も、昔日《せきじつ》の面影はなくなったのだ。纒向にもたらされた北部九州の土器は、ごくわずかだった。

ヤマト建国直前の出雲は北部九州と強く結ばれ、日本海側ではタニハとにらみ合いをつづけていた。したがって、ヤマト建国後の主導権争いで敗れたのは、「出雲＋北部九州連合」だろう。筆者は、出雲の国譲《くにゆず》りと天孫降臨《てんそんこうりん》神話は、「同じ事件」を『日本書紀』編者が「別の事件」にして、しかも出雲神と天皇家の祖神は敵対関係にあったという、でたらめな話に仕立て上げたと推理する。

『神々の体系』（中公新書）の中で上山春平《うえやましゆんぺい》が指摘しているように、皇祖神《こうそしん》と出雲神は、鏡に映した表と裏で、天照大神《あまてらすおおみかみ》とスサノヲで分岐したあと、神武天皇の代に、二つの系譜は一本にまとまっているのである。

それだけではない。泉谷康夫《いずみややすお》は、スサノヲは太陽神だったと指摘している（『記紀神話形成の一考察」『日本書紀研究　第一冊』三品《みしな》彰英《しようえい》編　塙《はなわ》書房）。『日本書紀』神話の中で、スサノヲが身の潔白を証明するために天照大神と誓約《うけい》をしているが、その神話のひとつのパターンに、スサノヲの持ち物から男神《おがみ》が生まれ、その中の正哉《まさか》吾勝勝速日天忍穂耳尊《あかつかちはやひあまのおしほみみのみこと》が天皇家につづいていく例がある。泉谷康夫は、天照大神という人格神的神格が産み出される以前、スサノヲが皇室の祖とみなされていた時期があったと推察している。女神で太陽神という不自然な天照大神を創作していく過程で、本来の話が歪《ゆが》められてしまったというのだ。そのとおりだろう。

つまり、ヤマト建国後の主導権争いに敗れた貴種が南部九州に逃れ、その後ヤマトに招き寄せられ、ヤマトの王に立てられたにちがいない。

実在の崇神《すじん》天皇の時代、出雲神・大物主神《おおものぬしのかみ》の祟《たた》りがおさまらず、やむなく大物主神の子を探し出して神を祀らせて、ようやく安寧《あんねい》を取り戻したという。通説は初代神武天皇と崇神天皇を同一人物とみなすが、出雲神の祟《たた》りに怯《おび》えた崇神天皇が、南部九州から「出雲の末裔《まつえい》＝神武」を呼び寄せたと考えれば、すべての謎が吹き飛ぶ（拙著『ヤマト王権と古代史十大事件』ＰＨＰ文庫）。権力を持たない祭司王が生まれた理由も、これではっきりとする。

本格的な農耕のはじまりとともに始まった戦争の時代は、こうしてヤマトに都が築かれることによって、収拾されたのだ。そして、前方後円墳は、新たな時代、平穏な時代のシンボルとして、歓迎されたのだろう。

箸《はし》墓《はか》と吉備のつながり

ところで、二世紀末から三世紀初頭にかけて、纒向には前方後円墳の原型となる纒向型前方後円墳が造営されていたが、「定型化した前方後円墳」は、箸墓（箸中《はしなか》山《やま》古墳）が造られた頃に出現したと考えられている。古墳時代は、ここから始まったというのだ。前方後円墳の要素が、すべて整ったという。

「定型化」は、考古学の専門的な定義なのだが、次の要素を備えたものを言っている。

（1）正円の後円部《こうえんぶ》に、長く高い前方部《ぜんぽう》を持ち、対称形であること。
（2）大きな墳丘《ふんきゅう》。
（3）後円部は三段に築かれ、葺石《ふきいし》が備わっている。

（4）大きな墓壙《ぼこう》に造られた埋葬《まいそう》施設と排水溝が備わっていること。
（5）長い竪穴式石槨《たてあなしきせっかく》と割竹形木棺《わりたけがたもっかん》に埋葬していること。
（6）大量の赤色顔料。
（7）大量の銅鏡《どうきょう》が副葬《ふくそう》されている。
（8）大量の鉄製武器の副葬。
ただ、弥生終末期の巨大墳丘墓と纒向型の前方後円墳にもこれらの条件のいくつかは、備わっていたという指摘がある。しかも、その後、これらの要素のすべてが揃《そろ》った前方後円墳は、ほとんど存在しない。だから、「定型化」にまったくこだわらない考古学者もいる。

寺沢薫《てらさわかおる》は、『日本の歴史02　王権誕生』（講談社）の中で、次のように指摘している。

前方後円墳の「定型」とは、研究者によってモデル化された観念の産物であって、実のところは極めて漸進的でバラエティーに富んだ変化なのだ。

と述べ、定型化は王権の誕生ではなく、王権の伸長を意味しているという。確かに、纒向遺跡は、ちょうど箸墓が造られたころ拡大している。

知識として、纒向の箸墓の時代が、ひとつの画期になったということだけは、覚えておいて損はない。

箸墓の完成は、大事件だったのだ。『日本書紀』もわざわざ「神話」にして記録している。

三輪山《みわやま》の大物主神と倭迹迹日百襲姫命《やまとととびももそひめのみこと》の、悲しい物語だ。

第十代崇神天皇の時代のことだ。第七代孝霊《こうれい》天皇の娘で、巫女《みこ》として活躍していた倭迹迹日百襲姫命は、御諸山《みもろやま》（三輪山）の大物主神の妻になった。ところが、大物主神は夜にならなければ現れない（暗くて姿が見えない）。そこで倭迹迹日百襲姫命は、

「お顔を是非、拝見したい」

と、懇願した。すると大物主神は、

「明朝、あなたの櫛笥《くしげ》（櫛を入れる箱）に入っていよう。私の姿を見ても、驚かないように」

と告げた。はたして、夜が明けて櫛笥を開いてみた。すると、衣の紐のような美

しい小蛇《こおろち》が入っていた。倭迹迹日百襲姫命は驚き、叫んだ。大物主神は恥じて、人の姿になって、倭迹迹日百襲姫命を叱責《しっせき》した。「恥をかかされた」といって、天空を踏みとどろかして御諸山に登られてしまった。倭迹迹日百襲姫命は仰ぎみて悔いて、尻餅《しりもち》をついた。そのとき、ホト（陰部）を箸で突いて、亡くなられた。そこで大市《おおいち》（桜井《さくらい》市北部）に葬った。そこでこの墓を名付けて箸墓といった。墓は、昼は人が造り、夜は神が造った。大坂山《おおさかのやま》（奈良県北葛城《きたかつらぎ》郡）の石を運んで造った。山から墓まで、人が手渡しにして運んだ……。

この一節、出雲神・大物主神ばかりに目が奪われるが、「吉備」を忘れてもらっては困る。無視できないのは、倭迹迹日百襲姫命の弟が五十狭芹彦命《いさせりひこのみこと》（吉備津彦《きびつひこの》命《みこと》）で、腹違いの弟が吉備臣の祖・稚武彦命《わかたけひこのみこと》だったことだ。象徴的な前方後円墳に、「吉備に囲まれた倭迹迹日百襲姫命」がかかわっていた事実は、大きな暗示と思われる。

巨大前方後円墳はなんのために造られた？

はじめて大阪の巨大古墳を目の当《ま》たりにした時、「丘?」「山?」にしか見えなかった。ただ広大な高台と森林があるだけで、前方後円墳を観たという実感はなかった。大仙陵《だいせんりょう》古墳（仁徳《にんとく》天皇陵。大阪府堺《さかい》市）である。

日本の前方後円墳は、面積でいえば、世界一大きい。ちなみに秦《しん》の始皇陵《しこうりょう》でも、一辺の長さ三百五十メートルで、仁徳天皇陵の全長に足りない。ただ、高さは七十六メートルあって始皇陵が勝る。二段の方形の墓だ。さらに余談ながら、始皇帝は存命中に四人七十余万人を駆り立てて、完成させた。そして、秘密を守るために、工事関係者を閉じ込め、殺してしまった。

こういう話を知ると、巨大な前方後円墳を造営したヤマトの大王（天皇）も、さぞや強大な権力を握っていたのだろうと思いがちだし、ふつうはそういうことになろう。しかし、ヤマトの王はやはり特殊なのかもしれない。ならばなぜ、巨大前方後円墳を築く必要があったのか、その理由を知りたくなる。

大阪に、三基の超巨大前方後円墳が存在する。第十五代応神《おうじん》、第十六代仁徳、第十七代履中《りちゅう》天皇の御陵である。

誉田御廟山《こんだごびょうやま》古墳（応神天皇陵。大阪府羽曳野《はびきの》市）は墳丘長四百二十五メートルを誇る。江戸時代に陪塚《ばいちょう》から、金銅製馬具《こんどうせいばぐ》が出土していて、のちに国宝に指定された。陪塚とは、大きな古墳のそばにある王の近親者や仕えた人物の小型の古墳であり、そこから出土した品が国宝になるのだから、天皇陵内部には、想像を絶するお宝が眠っているにちがいない。

仁徳天皇陵（大仙陵古墳）の墳丘長は四百八十六メートルで、最大の前方後円墳だ。明治五年（一八七二）に前方部の中段で、豪奢《ごうしゃ》な長持形石棺《ながもちがた》が見つかっている。記録によれば、金メッキを施した冑《かぶと》や短甲《たんこう》、色ガラス製の碗《わん》などが副葬されていた。

履中《りちゅう》天皇陵は第三位の大きさだが、それでも墳丘長三百六十五メートルだ。やはり陪塚から、刀剣、甲冑《かっちゅう》、金メッキを施した帯金具《おびかなぐ》が見つかっていて、やはり天皇陵にも、豪奢な副葬品が埋納《まいのう》されていると想像される。

三つの天皇陵のまわりには、二重三重の濠《ほり》がめぐらされ（履中天皇陵はかつて二重だった）、人の侵入を拒んでいる。

古墳の墳丘上には円筒埴輪《えんとうはにわ》が並べられていた。また、家形埴輪《いえがた》や水鳥形埴輪《みずとりがた》、蓋《きぬがさがた》形埴輪なども出土した。

大仙陵古墳を中心とする百舌古墳群（堺市）

誉田御廟山古墳を中心とする古市古墳群（藤井寺市・羽曳野市。羽曳野市教育委員会提供）

『日本書紀』雄略《ゆうりやく》九年秋七月一日条に、次の記事が載る。河内国《かわちのくに》から、次の報告があった。

「飛鳥戸郡《あすかべのこおり》（大阪府柏原《かしわら》市南部と羽曳野市南東部）の人田辺史伯孫《たなべのふひとはくそん》の娘は古市郡《ふるいちのこおり》（羽曳野市中央部）の人の妻になりました。伯孫は孫が生まれたと知り、婿《むこ》の家に行って祝い、月夜の下、帰る途中、誉田陵《ほむたみささぎ》（応神天皇陵）のわきで赤馬《あかうま》に乗った者と出くわしました。赤馬は竜《たつ》のように体をくねらせ飛びはね、鴻《おおとり》のように驚き、その異様な姿は抜きん出ていて、伯孫は内心手に入れたいと思い、自分の葦毛《あしげ》の馬に鞭《むち》を当て、轡《くつわ》を並べようとしましたが、赤馬はとても早く、追いつけません。ところが、赤馬に乗っていた人が伯孫の気持ちを察し、馬を交換し、挨拶をして帰って行きました。たいそう喜んだ伯孫は、自宅に戻り、赤馬を馬屋《うまや》に入れて寝ましたが、翌朝赤馬は埴輪の馬に変わってしまいました。不思議に思った伯孫は、誉田陵を探すと、葦毛の馬が埴輪の馬の間にいたので、赤馬の埴輪をそこに据《す》えて、交換しました」

古墳に埴輪が並べられていたことを、当時の人たちは知っていたわけである。

巨大古墳と三王朝交替説

　すでに述べたように、最初の前方後円墳は、纒向遺跡で誕生した。この時代は箸《はし》中《なか》・大和《おおやまと》・柳本《やなぎもと》古墳群で前方後円墳が造られた。その後、佐紀盾列《さきたたなみ》古墳群、古市古墳群、百舌鳥《もず》古墳群と、巨大前方後円墳の造営地、密集地は、移動していく。ここに、「王家も交替したのではないか」という推理が登場する。代表的なのは、大《たい》化改新《かのかいしん》以前、血縁関係のない三つの王朝が順番に入れ替わったという水野祐《みずのゆう》の三王朝交替説だ（『日本古代王朝史論序説』早稲田大学出版部）。

　中国では王朝交替は天命と考える。前王朝の腐敗をただすため、世直しのために、新しい王が立つという。王の姓が入れ替わるため、これを易姓革命《えきせいかくめい》という。『日本書紀』を編纂《へんさん》した政権は、中国の易姓革命の論理をよく承知していたはずだから、もし仮に日本でも王朝が入れ替わっていたら、それを正確に記録したはずなのに、「初代神武天皇以来、王家は継続した」と記録したのはなぜだろう。水野祐は、律令《りつりょうせい》制官僚統一国家機構が確立する段階に成り立った社会秩序の基本的な姿を、万世一系という概念、万世一系という系譜の上に求め、三つの王家を一つの流れに統一してしまったから、と推理したのである。

その上で、次のようにヤマトの歴史を描き出す。

西暦二〇〇年ごろ、それまで祭司王を担ぎ上げてきたヤマトの「先王朝」に代わり、呪教《じゅきょう》王朝の崇神王朝が継承し、日本で最初の王朝を開いた。これが「古王朝」で、呪術を駆使して人びとを支配する王朝だった。

ところが古王朝は滅んでしまう。仲哀《ちゅうあい》天皇が九州のクマソ征討に向かうも、返り討ちに遭《あ》ったのだ。クマソの国は「魏志倭人伝《ぎしわじんでん》」に登場する狗奴国《くなこく》の末裔たちが四世紀に南部九州の日向《ひむか》に建てた国といい、四世紀後半、彼らは勢いに乗って東遷《とうせん》し、ヤマトを占領したとする。これが「中王朝」で、始祖は第十六代仁徳天皇（『日本書紀』には応神天皇の子とあるが、水野祐は、二人は同一人物と考える）で、この王家は第二十五代の武烈《ぶれつ》天皇までつづく。そしてこの王家の特徴は、河内に古墳が多いということだ。

武烈の中王朝を継いだのは、継体《けいたい》天皇で、大伴《おおとも》氏が六世紀初頭に越《こし》（北陸）から連れてきた。『日本書紀』には、応神天皇の五世の孫とあるが、これは新王朝で、今上天皇につづく王家が誕生したのだ。初めて国をまとめたことから、「統一王朝」と水野祐は呼ぶ。これが、三王朝交替説のあらましである。

この発想に共感する史学者は次々と現れ、ほぼ定説になった感がある。直木孝次郎《なおきこうじろう》、井上光貞《いのうえみつさだ》、上田正昭《うえだまさあき》、岡田精司《おかだせいし》、吉井巌《よしいいわお》など、錚々《そうそう》たる顔ぶれ、史学界の大御所たちが、この発想に則《のっと》った新たな王朝交替説を次々と唱えはじめたのである。

いろいろな王朝交替説

なぜ前方後円墳の話をしているのに、三王朝交替説を持ち出したかというと、五世紀の河内に巨大古墳群が雨後の竹の子のように造られたこと、それが「河内王朝の仕業」だと、三王朝交替論者は主張するからである。

筆者は、王家が入れ替わったという考えには与《くみ》していない。ヤマトの王家は三つの家から成り立っていて、前方後円墳体制を維持していたのだと思う（『物部氏の正体』新潮文庫）。三王朝交替説は「実権を握った強い王家（しかも他地域からやってきた）が前王朝を滅ぼし入れ替わった」と言っているが、それなら、なぜ前方後円墳体制を継続したのだろう。政治を「マツリゴト」というように、権力と信仰は強く結ばれていた。とすれば、もっとも大切な埋葬形態をすり替えるのが当然のことだった。ここに、大きな矛盾がある。

とは言っても、多くの史学者（しかも大御所）が「王朝交替説」を暗黙の了解としているのだから、もうすこしその主張に耳を傾けておきたい。

同じ王朝交替説でも、少しずつ主張が異なっている。河内王朝も、多種多様な王朝論がある。

（1）騎馬民族か九州の勢力がヤマトに乗り込んだ（江上波夫《えがみなみお》、井上光貞）
（2）河内土着の勢力が成長した（岡田精司、直木孝次郎）
（3）三輪王朝が衰退したあと、河内勢力が王朝を建てた（上田正昭）
（4）ヤマトと河内の有力部族が王朝を築いた（笠井敏光《かさいとしみつ》、白石太一郎《しらいしたいちろう》）

そこで、『日本書紀』の記事に注目してみよう。三王朝交替論者は河内王朝が第十五代応神天皇かその子の仁徳天皇の時代に始まったと考えるが、『日本書紀』には、どのように描かれているのだろう。

まず、応神天皇は胎中《たいちゅう》天皇とも呼ばれているが、それは臨月の神功《じんぐう》皇后が石を「腰」に挿《はさ》み、出産を遅らせ、新羅《しらぎ》征討から凱旋《がいせん》して九州で生み落としたからだ。このあと応神は、神功皇后と武内宿禰《たけのうちのすくね》に守られて、政敵（異母兄）が待ち構えるヤマトに向かって船を漕ぎ出したのだ。結局応神一行は勝利する。

この『日本書紀』の記事からも、応神は征服王とみられがちだ。「胎中天皇」と呼ばれたのも、天孫降臨《てんそんこうりん》神話の「胞衣《えな》に包まれて降臨したニニギ（天津彦彦火瓊瓊杵尊《あまつひこひこほのににぎのみこと》）にそっくりだ」という指摘がある。ニニギは地上界にはじめて下りた、王家の祖神《そしん》である。

ただし、応神はすぐに河内に住んだわけではない。まずヤマトに都を置く。そして応神二十二年三月五月に、難波《なにわ》に行幸し、大隅宮《おおすみのみや》（大阪市東淀川区《ひがしよどがわ》）に留まり、応神四十一年二月条に、明宮《あきらのみや》（奈良県橿原市大軽《かしはらしおおがる》）で亡くなった。ただ「一に云はく」とあり、大阪の大隅宮で亡くなったとある。そうなると、応神は後半生を難波で過ごした可能性が出てくる。

『日本書紀』は、応神の子の仁徳天皇ははじめから高津《こうづ》（大阪市中央区。難波宮のあたりか）に宮《みや》を置いたといい、このあと履中天皇、反正《はんぜい》天皇も、難波や河内にかかわっている。だから、この時代を「河内王朝」と呼んでいるのだ。陵墓も、古市《ふるいち》古墳群と百舌鳥古墳群に比定されていて、政治の中心は、河内に移っていたのだろうと考えられている。

天皇の名（和風諡号《わふうしごう》）も、河内王朝説を後押ししている。第十代崇神天皇は「御間城入彦五十瓊殖《みまきいりびこいにえの》天皇」で「ミマキイリヒコ」の「イリ」が二代、景行《けいこう》天皇から「タラシ」が三代つづき、応神天皇から「ワケ」と呼ばれるようになる。ここに、系譜の断絶があると、考えられるようになったのだ。

しかし、何度も言うが、「ならばなぜ、前方後円墳は維持されたのか」、それがわからない。河内王朝はなぜ、それまでの王朝が築いてきた前方後円墳を、さらに発展させたのだろう。

使い勝手の悪かった河内

史学界の大御所たちがこぞって「王朝交替論」「河内王朝論」を展開する中、門《かど》脇禎二《わきていじ》は果敢に反論を試みた。河内王朝論のネックを、具体的に提示したのだ。少し長くなるが、門脇禎二の考えをまとめておこう。

太古の河内は巨大な河内湖が生駒山《いこまやま》の西側に広がり、人の住むスペースも狭く、住みにくい場所だった。ただ、交通の要衝《ようしょう》ではあった。河内湖の南の淵に接する土地は、ヤマトから大和川《やまとがわ》を下り、河内湖に出たちょうど中継地点に当たっていた。だから、「港」を意味する地名が、この一帯に残されている（若江《わかえ》、菱江《ひしえ》、豊浦《とゆら》、日下江《くさかえ》など）。大和川にも、ほぼ等間隔で、「川津《かわつ》」が造られていたのだ。便利な場所だっただけに、治水が求められたのだ。

巨大古墳群が密集する地域も、それ以前は水はけが悪く、水害の被害に苦しめられていたのだ。この使い勝手の悪い河内を古墳時代中期から後期の初頭（五世紀中葉《ちゅうよう》から六世紀初頭）にかけて干拓し、開発したのは、在地の首長層ではなく、ヤマトの王家だったと門脇禎二は考えた。王家自身が、使えなかった土地を開墾することで、直轄領《ちょつかつりょう》が増えたというのだ（事実屯倉《みやけ》が設置されている）。これは、新たな王家の出現、征服ではないとする。

さらに、纏向誕生以来、巨大古墳群は確かに移動しているが、その間、古墳群が並立して存在していた時代があって、強大な勢力が征服戦を仕掛けて勝利したとは思えないとする。

ヤマトの前方後円墳の型式の時代的変化が、ヤマトから河内へと、継続、継承されていたこともわかっている。ふたつの王家の間に断絶は考えにくいとする。そのとおりだろう。

森浩一《もりこういち》は、河内の巨大前方後円墳を「征服の証《あかし》」ではなく、巨大な周溝《しゅうこう》が備わっていることから、治水を目的にしていたのではないかと指摘し、巨大古墳の被葬《ひそう》者《しゃ》を、「治水《ちすい》王」と推理する（『巨大古墳の世紀』岩波書店）。長年にわたる河内湖との戦いのモニュメントということになる。

縄文早期末から前期にかけて、河内平野は縄文海進《かいしん》のために巨大な「湾」であった。今の上町《うえまち》台地は、半島状に伸びていた。方々から流れ下ってきた大量の水は、千里山《せんりやま》丘陵の南側の二〜三キロの幅を通ってようやく、海に出られた。次第に海水面は下がったものの、出口は堆積物《たいせきぶつ》で狭まった。その証拠に河内湖周辺で、大きな水害が起きていたことがわかっている。

河内の王は治水王

『日本書紀』に森浩一の仮説を裏付けるかのような記述がある。仁徳十一年夏四月の条だ。

天皇は群臣《まえつきみ》に詔《みことのり》した。

「今、この国を見れば、野《の》や沢《さわ》が広く、田や畑は少なく乏しい。また、河川は蛇行し、流れは滞《とどこお》っている。少しでも長雨が降れば、海水は逆流し、里は船に乗ったように浮かびあがり、道はドロドロになる。だから群臣たちも、この状態を見て、水路を掘って水の流れを造り、逆流を防ぎ田や家を守れ」

これは、大和盆地を描写しているのではない。仁徳天皇の宮は難波の高津宮《たかつのみや》（大阪市中央区）だったから、河内平野の状態を言っている。話はまだつづく。

同年冬十月、宮の北側の野原を掘り、南の水をひいて西の海に流した。それで、この川を「堀江《ほりえ》」と呼んだ（難波の堀江）。

北の川（淀川）の洪水を防ぐために茨田堤《まむたのつつみ》（大阪府門真《かどま》市）を築いた。この時、二ヶ所に土地の亀裂があって、築いてもすぐに壊れた。すると天皇の夢枕に神が現れ、次のように教えた。

「武蔵人強頸《むさしのひとこわくび》と河内人茨田連衫《まむたのむらじころもの》子《こ》を水神《すいじん》に捧げ祀るなら、必ず塞《ふさ》ぐことができるだろう」

そこで二人を捜し出し、水神を祀った。強頸は哀しみ、泣いて、水に沈んで死んでいった。こうして堤は完成した。ただ茨田連衫子は、ヒサゴ（瓢箪《ひょうたん》）をふたつもって川に入った。ヒサゴを手に取り、水中に投げ入れ、請うて言った。

「川の神は祟《たた》って私を幣《まい》（人身御供《ひとみごくう》）としました。それでこうしてやってきました。必ず私を得ようというのでしたら、このヒサゴを沈めて、浮かばせないで下さい。すると私は、本当の神ということを知り、自ら水中に入ろうと思います。もし、ヒサゴを沈めることができないのなら、偽りの神ということがわかります。どうかいたずらに、我が身を滅ぼされませんように」

すると突然、つむじ風が巻き起こり、ヒサゴを引いて水に沈めようとした。ところがヒサゴは、波の上を転がって沈まない。濁流に呑みこまれそうになりながらも、遠くに浮いて流れていった。茨田連衫子は死なず、堤も完成した。茨田連衫子は才覚で死を免れたのである。だから時の人は、二ヶ所を特別に「強頸断間《こわくびのたえま》」「衫子《ころも》断間《このたえま》」と名付けた。

難波の堀江は、物部守屋《もののべもりや》らが蘇我《そが》氏の仏像を捨てた場所として知られるが、現在大阪城（あるいは難波宮）のすぐ北に接する大川《おおかわ》（旧淀川《よどがわ》）が、難波の堀江だったと考えられている。

河内王朝の王と目される仁徳天皇の時代、河内は水害の多発する困った場所だったことが、これでわかる。難波の堀江を掘削することで、ようやく河内発展の目途《めど》はついたのだ。巨大前方後円墳も、「強大な権力を有する天皇のために造られた」のではなく、治水工事の一環として造られたと考えれば、矛盾はなくなる。『日本書紀』の記事から、「河内の治水」が、どれだけ重要で、苦労したのか、その様子がはっきりとわかった。考古学の謎（この場合、巨大前方後円墳だが）を解き明かすために、『日本書紀』も役に立つときもあるのだ。おそらく、河内王朝はかつて信じられていたような新王朝などではなく、「治水に邁進《まいしん》した英邁《えいまい》な王たち」で、さらなる発展をヤマトにもたらしたのだろう。

第八章　稲荷山古墳

――群馬県の古墳群と東国の実像

貝を加工して商売していた縄文人

関東の考古学を考えてみたい。

「何もないだろう」

と、思われるかもしれない。しかし、とある関西の考古学者は、たまたま群馬県を訪ねて、「聞くのと見るのとは、大違いだ」と、驚いて帰って行った。

そう、五世紀の関東地方は、巨大前方後円墳《ぜんぽうこうえんふん》の密集地帯なのだ。ヤマト周辺を除く全国で、日本一を誇る。埴輪《はにわ》にしても、芸術品の高みに引き上げたのは、「群馬県人（古墳時代なので、上毛野国人《かみつけのくにじん》）」なのだ。

群馬県だけではない。房総《ぼうそう》半島（千葉県）や霞ケ浦《かすみがうら》（茨城県）周辺にも、大きな前方後円墳が密集している。木更津《きさらづ》市や市原《いちはら》市をドライブすれば、「あれも」「これも」と、小高い丘のほとんどが、古墳だったりする。

関東を侮《あなど》っているうちは、本当の古代史を解き明かすことはできないのである。

そこで、古墳王国、上毛野国（群馬県）に注目してみたいが、その前に関東の縄文遺跡を少し……。

縄文時代の人口密度は東日本に偏《かたよ》っていたが、その中でも関東地方は人口の密集地帯だった。関東の縄文人の遺伝子は、周囲とは少し毛色が違っていたという報告もあるが、この点に関しては、深入りはしない。豊かな縄文文化が花開いていたことは、確かなのだ。

ちなみに、モースが発見した大森《おおもり》貝塚は、京浜東北線や東海道線の車窓から見学することができる。大きな石碑をお見逃しなく。

また、京浜東北線の田端《たばた》から北側は、西側が断崖になっているが、縄文時代、この付近まで海だった。縄文海進《かいしん》を侮ってもらっては困る。埼玉県さいたま市の大宮《おおみや》氷川《ひかわ》神社のすぐそばまで海岸は迫っていたし、さらに北に進むと、宇都宮市の手前まで、海だったのだ。

田端の次の駅（下り）が上中里《かみなかざと》で、近くに有名な中里《なかざと》貝塚（東京都北区）が見つかっている。日本最大級の貝塚だ。東北新幹線の建設にともなう発掘調査で見つかった。

貝塚の厚さ（高さ）は最大で四・五メートル、薄いところでも三メートル、幅

（上から見た横の長さ）が七十～百メートル、この貝塚の帯が、一キロに渡ってつづいていた。どれだけの貝を埋めれば、これだけの貝塚ができるのだろう。

浜辺の縄文人が、好んで貝を食べていたわけではない。おそらく彼らは毎日毎日貝の身をむきながら、匂いに辟易《へきえき》し、「こんなもの、食べるヤツの気が知れん」と思っていたかもしれない。寿司屋の大将は、寿司嫌いな人が多い。

ならばなぜ、貝を捕り、黙々と身を取りだしていたのかというと、保存食にして、交易品にするためだった。「干《ほ》し貝」に加工していたのだ。

彼らは、むやみやたらに貝を捕っていたのではない。カキとハマグリだけを選び、大きさと年齢を揃《そろ》えていた。地面に粘土《ねんど》を敷きつめ、焼き石と貝を置いて水をかけ、草で蓋《ふた》をして蒸《む》し焼きにしていた。実は、生の貝の殻をむいていたのではなく、加熱して取っていたのだ。

こうして商品開発して、縄文人は内陸部に運び、交易をしていたわけである。

アマチュア考古学者の大発見

岩宿遺跡（みどり市。岩宿博物館提供）

ついでだから、関東の旧石器時代の遺跡も紹介しておこう。

かつて、日本には旧石器時代がないと信じられていた。当時の日本列島は、火山活動が活発で、人は住めなかったと考えられていたのだ。しかし、この常識を打ち破ったのが、アマチュア考古学者・相沢忠洋《あいざわただひろ》であった。

昭和二十一年（一九四六）、群馬県桐生《きりゅう》市で行商をしていた相沢忠洋は、仕事帰りに岩宿《いわじゅく》の丘陵地帯を歩いていて、崖の断層の赤土の部分から、石器を発見したのだ。関東の断層は、表土層が黒で、その下に赤土の層が重なっている。これがいわゆる関東ローム層で、火山灰の地層（火山灰の風化土壌）だ。近くの榛名山《はるなさん》、赤城山《あかぎやま》、浅間山《あさまやま》だけではなく、九州の始良《あいら》カルデラ（鹿児島県）の大噴火の際に降った十センチの火山灰も含まれている。

縄文時代なら、石器は土器と一緒に掘り出されるが、岩宿の断層からは、石器だけが見つかった。だから相沢は、旧石器ではないかと疑ったのだ。もちろん考古学者たちは半信半疑だった。そこで相沢は、明治大学に石器を持ち込んだ。

岩宿からは、磨製《ませい》石器も発見された。これが、かえって謎を深めた。旧石器とは打製《だせい》石器のことで、世界の常識で考えれば、旧石器時代に磨製石器はなかったはずなのだ。

ところが、「関東ローム層」の地質学の研究が進み、岩宿遺跡が三万年前にさかのぼることが明らかになったのである。

さらに、東京都小平《こだいら》市鈴木町《すずきちょう》の後期旧石器時代の鈴木《すずき》遺跡（南北三百三十四メートル、東西二百二十メートル）から磨製石器（刃の部分を砥石《といし》で磨いた局部磨製石斧《せきふ》）が見つかったのだ。岩宿は「磨製石器が出たから旧石器ではない」と烙印《らくいん》を押されてしまったが、鈴木遺跡の出現によって、「日本列島の旧石器時代には、局部磨製石器がすでに存在していた」ことがはっきりとしたのである。

ちなみに、世界の旧石器時代の磨製石器は、数が少なく、約二万年前のオーストラリアのものが最古だ。日本の場合、三〜四万年前にさかのぼることができる。磨製石器の発明は、日本だったのかもしれない。

現在岩宿遺跡は整備され、旧石器などの資料を展示した岩宿博物館（みどり市）と、相沢忠洋の岩宿発見に至る経過をたどる岩宿ドームに分かれている。楽しい場所なので、ここはお薦《すす》めだ。

意外に「進んでいた」旧石器時代

もうひとつ注目しておきたいのは、群馬県伊勢崎《いせさき》市の下触牛伏《しもふれうしぶせ》遺跡だ。赤城山麓の裾野《すその》に、三万五千年〜二万八千年前の「ムラ」が見つかったのだ。くどいようだが、旧石器時代に集落が存在したのだ。これは、驚くべき発見である。

発掘調査は、一九八二年から一九八四年にかけて、群馬県立障害者リハビリセンターのスポーツセンター建設に先立って行われた。

古墳時代の竪穴式《たてあなしき》住居の調査が目的だったが、竪穴式住居の住人（古墳時代人）

が、床面を関東ローム層まで掘り進めてくれていたおかげでみつかったのだ。壁に当たる部分から、旧石器が姿を現した(古墳時代人が気づいて使っていなくてよかった)。石器の分布図を作成してみると、奇妙なことになっていた。住居が円形に配列されていたことがわかったのだ。直径五十メートルの正円形で、方眼紙の上に環状《かんじよう》ブロック群が出現し、ここに旧石器時代の「ムラ」が存在していた可能性が出てきたのである。

もっとも、だからといって、定住の証《あかし》にはならない。季節ごとに、人びとがここに集まって暮らしていたらしいのだ。

正円形に配列されたのは住居だが、その中央のブロックでは、共同作業が行われる空間であったことがわかっている。

集落のそれぞれに残された石器同士をつなぎ合わせると、石器の原料となった大きな石が再現できることもわかっている。また、ひとつの石から、どの住居に石器が配られていたのか、その様子が克明に再現できるようになったのである。

下触牛伏遺跡の発見ののち、それまでの旧石器遺跡の再検証作業が進んだ。各地で下触牛伏遺跡と同じように、正円形に住居が並ぶ遺跡が発見された。これらを

「環状ブロック群」と呼ぶようにもなった。

旧石器人たちがなぜ丸いムラを造ったのか、いくつかの説がある。石器を世帯間で分け合う「互恵制《ごけいせい》」を目的とした「石器交換説」。集落の真ん中で祭祀《さいし》をしていたのではないかという「祭祀場説《さいしじょうせつ》」。外敵から身を守るためという「外部警戒説」。集団の紐帯《ちゅうたい》を確認しあうための「紐帯確認説」。当時棲息《せいそく》していたナウマン象などの大型動物の狩りをするために、集団を形成したという「大型獣狩猟説《おおがたじゅうしゅりょうせつ》」。これらの考えをまとめた「折衷説《せっちゅうせつ》」がある。

今のところ、大型獣狩猟説がもっとも説得力を持っていそうだが、確かなことはわかっていない。わかっているのは、想像以上に旧石器時代は、「進んでいた」ということである。

この遺跡の集落構造の模型は、岩宿博物館に展示してある。

古墳時代の関東の中心は群馬県

弥生時代の関東は、縄文色が色濃く残る独特な風土を守りつづけた。特に茨城県や栃木県では、再葬墓《さいそうぼ》文化（遺骸《いがい》を白骨化させてから土器に埋葬《まいそう》する）をかたくなに守り、しかもこの地域の弥生土器には、縄文的な文化が色濃く残ったのだ。弥生時代の終わりごろには、高地性《こうちせい》集落を造り、西日本からやや遅れて、混乱の時代に突入していたようだ。ところが四世紀になると、景色が一変する。西の文化と人が流れ込んできたのだ。最初は日本海側から信濃川《しなのがわ》、旧東山道《とうさんどう》を経由して、そのあと、東海地方から新しい文物が流れ込んだ。

これは、ヤマト政権側の「征服」だったのだろうか。そうではなく、考古学的には、「共存説」が支持されている。

ヤマト政権側は移民政策をとり、新しい技術が関東に流れ込み、それまで手のつけられなかった土地が農地に変わり、急速に発展した。けれども、これは征服ではなかった。

たとえば土器は、外からやってきた土器を真似て造り、あるいは外来の土器の特徴を土器の一部に取り入れ、また在来の土器の中に外からもちこまれた土器が混じっている例が見られることから、一気に在来から外来系の土器に入れ替わったわけではなかったことがわかる。両者はうまく棲《す》み分けを果たしたようなのだ。そして、灌漑《かんがい》技術が持ち込まれ、関東は豊かになったのである。爆発的な人口増を招き、富は蓄積され、古墳時代の関東地方はめざましい発展を遂げたのである。

ところで、古墳時代の関東平野の中心は、意外なことに群馬県だった（群馬県人に失礼か？　群馬県人に、「古墳時代の関東のトップ」という自覚はあるのだろうか？）。

なぜ群馬県なのだろう。理由はいくつも考えられる。

ヤマト政権が関東に影響力を及ぼす過程で、「どこに拠点を構えるか」、悩んだはずだ。しかし、答えはあっさり出ただろう。防衛本能から考えて、山を背にして敵を威嚇《いかく》し、身を守り、しかも山に逃れれば、安全に逃げられること、ヤマトに救援を頼めば、背後から確実に駆けつけてくれる場所だ。それは、碓氷峠《うすいとうげ》から下った群馬県をおいてほかにない。

しかも、利根川《とねがわ》を下れば、東京湾に一気に出られる（旧利根川は、途中から現在の江戸川《えどがわ》になった）。だから、群馬と東京湾沿岸部（具体的には房総半島の西海岸）を結んだラインが、ヤマト朝廷《ちょうてい》にとって大切な場所になったのだ。群馬県と千葉県に巨大前方後円墳が造られた理由も、これではっきりとする。

上毛野氏《かみつけのうじ》とヤマトのつながり

古代の群馬県を支配していたのは、上毛野氏だ。この氏族は天皇家の末裔《まつえい》だったと『日本書紀』は言う。

『日本書紀』崇神《すじん》四十八年条に、上毛野氏の始祖伝承が載っていて、関東に赴くきっかけが記されている。

崇神天皇は、多くの御子《みこ》の中から優秀な子に、ヤマトの王と東国の統治を委《ゆだ》ねたいと考えた。そこで、甲乙付けがたい豊城命《とよきのみこと》(上毛野氏の祖)と活目尊《いくめのみこと》(のちの垂《すい》仁《にん》天皇)に、夢占いをさせてみた。

二人は体を浄め、床に入った。すると、兄・豊城命は御諸山《みもろやま》(三輪山《みわやま》)に登り、東に向かって八回槍《やり》を突き出し、八回刀を振り回す夢をみた。かたや弟の活目尊がみたのは、御諸山に登り縄を四方に張って、粟《あわ》を食べるスズメを追い払う夢であった。これを聞いた崇神天皇は、弟の活目尊を皇太子《ひつぎのみこ》に、兄の豊城命に東国の治政を命じたのである。

この豊城命こそ、北関東を支配した上毛野氏や下毛野氏《しもつけのうじ》の始祖だった。ただし、豊城命は、直接東国に赴《おもむ》いたわけではない。景行《けいこう》天皇の時代、豊城命の孫の彦狭《ひこさ》嶋王《しまのみこ》が、東山道の十五国都督《とおあまりいつつくにのかみ》に任命されたと『日本書紀』はいう。

この「都督」は、もともと中国の役職名で、恒常的な統治を任された軍事官を意味している。そうなると、上毛野氏が北関東に拠点を設け、関東一円に睨《にら》みをきかせていたということになろうか。平安時代になると、臣籍降下《しんせきこうか》した平氏《へいし》や源氏《げんじ》が関東にやってくるが、似たようなことが、ヤマトの黎明《れいめい》期に起きていたわけである。

それはともかく、話を戻すと、彦狭嶋王も東国には赴いていない。東国に向かう途次、春日野《かすがの》穴咋邑《あなくいのむら》（奈良県奈良市古市《ふるいち》町付近か）で病没してしまったのだ。すると東国の百姓《おおみたから》たちは、王の赴かないことを嘆き悲しみ、ひそかに彦狭島王の屍《しかばね》を盗み、上野国《こうずけのくに》（上毛野）に持っていった。朝廷はのちに、彦狭嶋王の子の御諸別《みもろわけの》王《みこ》を東国に差し向けた。するとこの王は、実際に東国に赴任し、善政を敷いたという。これが、『日本書紀』に記された上毛野氏の始祖伝承である。

群馬県のお薦め古墳と博物館

古墳時代の北関東は前方後円墳の密集地帯となっていくが、古墳時代前期前半は、「前方後方墳《ぜんぽうこうほうふん》」が先に広まっていた。近江《おうみ》や東海地方から伝えられたのだ。上侍塚《かみさむらいづか》古墳（栃木県大田原市）、藤本観音山《ふじもとかんのんやま》古墳（栃木県足利市）、前橋八幡山《まえばしはちまんやま》古墳（群馬県前橋市）は、すべて全長百メートルを超えていて前方後方墳としては、巨大な部類に入る。ただし副葬品《ふくそうひん》は、近江や東海に比べると貧相だった。

下毛野国《しもつけののくに》（栃木県）側では、縄文的な風習が色濃く残り、そこに前方後方墳の密集地帯が形成されていったが、上毛野国は、早い段階で前方後円墳が普及し、いち早く三角縁神獣鏡《さんかくぶちしんじゅうきょう》や特殊器台形《とくしゅきだいがた》土器の流れを汲む埴輪、葺石《ふきいし》が採用されていく。

こうして、群馬県は古墳密集地帯に変貌していくのだ。その数八千五百基にのぼる。

太田《おおた》市の天神山《てんじんやま》古墳（全長二百十メートル）は五世紀中頃の造営で、二周の周濠《しゅうごう》がめぐっている。五世紀の王家や有力豪族が用いた「大王《おおきみ》の棺《かん》」の異名をとる長持《ながもち》

天神山古墳（太田市。太田市教育委員会提供）

形石棺《がたせっかん》が用いられている。上毛野国の富と権力を象徴する、東日本最大の前方後円墳である。

群馬の古墳は、ただ大きいだけではない。豪華な副葬品が目を引く。また、これはあまり知られていないが、「埴輪」は群馬で芸術品になったのだ。

群馬の実力を知るには、巨大古墳巡りをしたあと、博物館巡りをするとよい。お薦めはふたつある。ひとつは、群馬県立歴史博物館で、県立公園「群馬の森」の中にたたずむ（平成二十八年七月まで休館中）。

旧石器時代と縄文時代につづき、古墳時代の展示が充実している。たとえば、観音山古墳《かんのんやま》（高崎《たかさき》市綿貫町《わたぬきまち》。墳丘長《ふんきゅうちょう》九十七メートル、高さ九メートル）の出土品が素晴らしい。

観音山古墳は上毛野最後の前方後円墳で、六世紀後半に井野川《いのかわ》流域を支配していた豪族のものと考えられている。この古墳は盗掘を免れている。獣帯鏡《じゅうたいきょう》、銅水瓶《どうすいびょう》、神獣鏡《しんじゅうきょう》、金銅鈴付大帯《こんどうすずつきおおおび》、金銅装頭椎大刀《こんどうそうかぶつちたち》、銀錯龍文大刀《ぎんさくりゅうもんたち》など、中国や朝鮮半島からもたらされ、あるいは影響を受けた品も含め、豪華な品が展示されている。

獣帯鏡は、百済《くだら》（朝鮮半島南西部）の武寧王《ぶねいおう》（六世紀前半）の陵墓から出土したものと、銅水瓶は中国山西《さんせい》省の北斉《ほくせい》時代（六世紀後半）の墳墓のものと同型だ。

そして、観音山古墳に並べられていた埴輪がすばらしい。高い精神性と芸術性を秘めている。

その中でも秀逸なのは、「連座する三人童女《さんにんどうじょ》」「振り分け髪の盛装男子《せいそうだんし》」「あぐらを組み合掌《がっしょう》する男子」で、埴輪の魅力を堪能できる。

もうひとつ、お薦めの博物館は保渡田《ほどだ》古墳群の中に建つ小さな「かみつけの里《さと》博物館」だ。

すぐ近くに、葺石が復原《ふくげん》された八幡塚《はちまんづか》古墳の勇姿がそびえている。墳頂部《ふんちょうぶ》に歩いて登ることも可能だ。北関東の山々の景観がすばらしく、山並みのパワーが、丸い墳丘上の一点に集中しているのではないかと思えるほど、すがすがしい気持ちになれる。

五世紀後半の政治と宗教の館・三ツ寺《みつでら》Ⅰ遺跡（「かみつけの里博物館」の近く）が見つかっている。千五百年前の王（豪族）の館と人びとの生活の場（ムラ）、そして生産の場である水田が発掘されたのだ。

上空から見た三ツ寺Ⅰ遺跡（高崎市。公益財団法人群馬県埋蔵文化財調査事業団提供）

六世紀の初頭に榛名山《はるなさん》が大噴火を起こし、火砕流《かさいりゅう》がこの一帯を呑《の》みこんだために、遺跡全体がすっぽりと地中に保存されたのだった。

三ツ寺I遺跡は、一辺八十六メートルのほぼ方形で、猿府川《さるふがわ》に面した台地を利用し、川から水を引き込み、濠《ほり》を造った。幅三十メートル、深さ四メートル、斜面には貼石《はりいし》を施してある。

この遺跡は、上毛野氏の居館だったようだ。遺跡の復元模型が「かみつけの里」博物館に展示されていて、これが秀逸《しゅういつ》なのだ。

八幡塚古墳の復元模型や水田景観復元模型も、いつまで観ていても見あきない。古墳造営や農耕をする人びとの姿が、小さな人形で描写されている。

東国の軍事力をあてにしていたヤマト朝廷

なぜ五世紀の関東に、巨大前方後円墳密集地帯が生まれたのだろう。

これまで、史学界は「東」を見下していたから、「関東の影響力」について、ほとんど関心を示さなかった。八世紀に編纂《へんさん》された『日本書紀』が、関東や東国の実力を矮小化《わいしょうか》し、蔑視《べっし》し、悪《あ》し様《ざま》に描いていることも手伝って、ますます古代史に占める関東の存在感は低くなる一方だし、関東に住んでいる人間も、「古代史は西日本」と、勝手に思い込んでいる。

無視できないのは、八世紀以降の政権が、東国や関東を恐れていたことだ。藤原《ふじわら》氏が実権を握ると、東北征討を本格化させるが、その遠因となったのは、「関東の軍事力を西に向けさせない知恵」が働いたとしか思えない。すなわち、藤原氏は並みいる政敵たちをなぎ倒して一党独裁体制を敷くことに成功したが、藤原氏が抹殺《まっさつ》してきた人びとの多くは、東国と強く結ばれていた。彼らを後押ししていた東国や関東の軍事力を東北にさし向けることによって、力を削《そ》ごうと考えたのだろう。

ヤマトが建国された時、すでに「東の力」が大きく作用していたことは述べてきたとおりだ。藤原氏が台頭する以前のヤマトの政権は、東を発展させ、東と共存し、東の軍事力を借りて、朝鮮半島に遠征軍を送り込んでいたのだ。『日本書紀』神功《じんぐう》皇后摂政《せっしょう》四十九年春三月条には、荒田別《あらたわけ》、鹿我別《かがわけ》の二人が将軍に任命され、朝鮮半島南部に遠征したと記録されるが、二人は上毛野氏の祖だ。神功皇后の新羅《しらぎ》征討は創作とされているが、上毛野氏が朝鮮半島に関わりをもち、軍団を派遣していたことは間違いなく、このような史実があったからこそ、神功皇后の時代にさかのぼり、伝説になったのだろう。仁徳《にんとく》五十三年にも、朝鮮半島の新羅が朝貢《ちょうこう》を怠《おこた》ったため、上毛野氏の祖・竹葉瀬《たかはせ》を派遣したとある。

東国はヤマト政権に恭順し、協力し、盛り立てていたし、ヤマト側も東国の軍事力を当てにしていたのだ。

たとえば六世紀後半から七世紀半ばにかけて繁栄を誇った蘇我《そが》氏は、東国との間に蜜月《みつげつ》を築き上げている。身の回りを警護していたのは、東方儐従者《あずまのしとべ》（東国の屈強の兵士）だったし、蘇我氏の氏寺・法興寺《ほうこうじ》（飛鳥寺《あすかでら》）の周辺で、蝦夷《えみし》たちを饗応《きようおう》している。蘇我入鹿《そがのいるか》の父親の名が「蝦夷《えみし》」だったのも、蘇我氏と東の絆を連想させる。

ところが七世紀後半から急速に力をつけた藤原氏は、このような「東とヤマトの蜜月」を破壊してしまったのだ。その上で、東北征討を敢行し、関東の軍団を北にさし向けて力を削ぎ、発言力を奪い取っていった。また、『日本書紀』の中で、関《せき》ケ原《がはら》から東側の東国の活躍を歴史から抹殺していったのである。

その象徴が富士山で、『日本書紀』は縄文時代から崇《あが》められてきた日本のシンボルに関して一言も触れなかったのである。

また藤原氏は、権力者の座を確保するまでの間、政敵をあこぎな手口で葬《ほうむ》ってきたから、多くの恨《うら》みを買い、ことあるたびに、祟《たた》りを恐れ、また都に不穏な空気が流れると、東に抜ける三つの関《せき》を閉ざした。謀《む》反人《ほんにん》が東国に逃れ、東国の軍団が襲ってくるのを防いだのだ。これを三関固守《さんげんこしゅ》という。三関は、伊勢《いせ》国鈴鹿《すずか》（三重県亀山《かめやま》市）・美濃《みの》国不破《ふわ》（関ケ原《せきがはら》）・愛発《あらち》（福井県敦賀《つるが》市南部の旧愛発村と滋賀県高島《たかしま》市との境にある有乳山《あらちやま》付近）である。西に向けてこのような処置は執られていない。よほど東が恐ろしかったのだろう。

謎めく稲荷山《いなりやま》古墳の鉄剣銘《てつけんめい》

次に注目しておきたいのは、埼玉《さきたま》古墳群（さきたま風土記《ふどき》の丘《おか》）だ。古墳群は武蔵《むさし》（埼玉県、東京都、神奈川県の一部）最大の規模を誇る。近くに小埼沼《こさきぬま》がかつて存在したが、そこが利根川の入り江で、水上交通の要衝《ようしょう》だったところだ。

『万葉集《まんようしゅう》』巻十四―三三八〇に、次の歌がある。

埼玉《さきたま》の津に居《を》る船の風を疾み綱《いた》は絶ゆとも言《こと》な絶えそね

埼玉の津につながれている船の綱は、風が強ければ切れることもありましょうが、私への言葉は絶やさないでください、という歌だ。おそらく、この埼玉の津が、さきたま古墳群のすぐそばにあったのだろう。

埼玉古墳群が有名になったきっかけは、古墳群の中の稲荷山《いなりやま》古墳（全長百二十メートル）の後円部《こうえんぶ》の礫槨《れきかく》から、画文帯神獣鏡《がもんたいしんじゅうきょう》や玉類《たまるい》、武具とともに鉄剣《てっけん》が発見されたことによる。そこに、銘文《めいぶん》が刻《きざ》まれていたのだ。ちなみに、稲荷山古墳は埼玉古墳群の中で一番古い前方後円墳で、雄略《ゆうりゃく》天皇の五世紀後半の造営であり、鉄剣も同時期に製作されたと考えられている。それが国宝「金錯銘鉄剣《きんさくめいてっけん》」で、内容は、以下のとおり。

辛亥《かのとのい》（四七一年と思われる）七月にこの銘文が記されたこと、乎獲居臣《をわけのおみ》の上祖・意富比垝《おおひこ》（大彦命《おおびこのみこと》か）から八代の系譜を書き連ね、その上で、乎獲居一族が、代々「杖刀人《じょうとうじん》（大王の親衛隊）」の首《かしら》として大王《おおきみ》に仕《つか》えてきたこと、獲加多支鹵大王《わかたけるおおきみ》（雄略天皇）が斯鬼宮《しきのみや》で天下を治《おさ》めているとき、自分（乎獲居）がお助けした（天下を左《さ》治《じ》した）といい、この刀を造って、一族が王に仕えてきた由来を記した……。

ここで問題となってくるのは、「乎獲居」の正体だ。「天下を佐治していた乎獲居」は、武蔵から中央に進出して大活躍し大王に仕えていたのか、あるいは「乎獲居」はもともと中央の大豪族で、この剣を田舎《いなか》豪族（稲荷山古墳の被葬者《ひそうしゃ》）に与えたのか、文面だけでははっきりとしないのだ。

稲荷山古墳

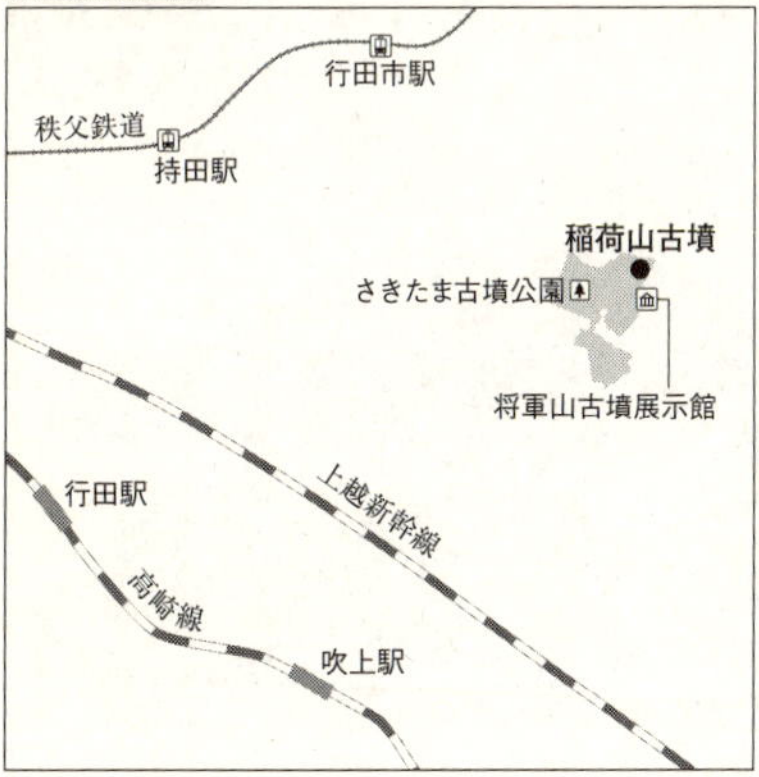

次に問題となるのは、銘文に記された「辛亥」がいつなのか、ということで、これは雄略天皇在世時（四五六～四七九）の西暦四七一年説が有力視されている（異論もあるが）。根拠は、雄略天皇の朝倉宮《あさくらのみや》が広義の「磯城《しき》」に含まれていて、剣にある「斯鬼宮」と重なってくるからでもある。

稲荷山古墳（行田市）

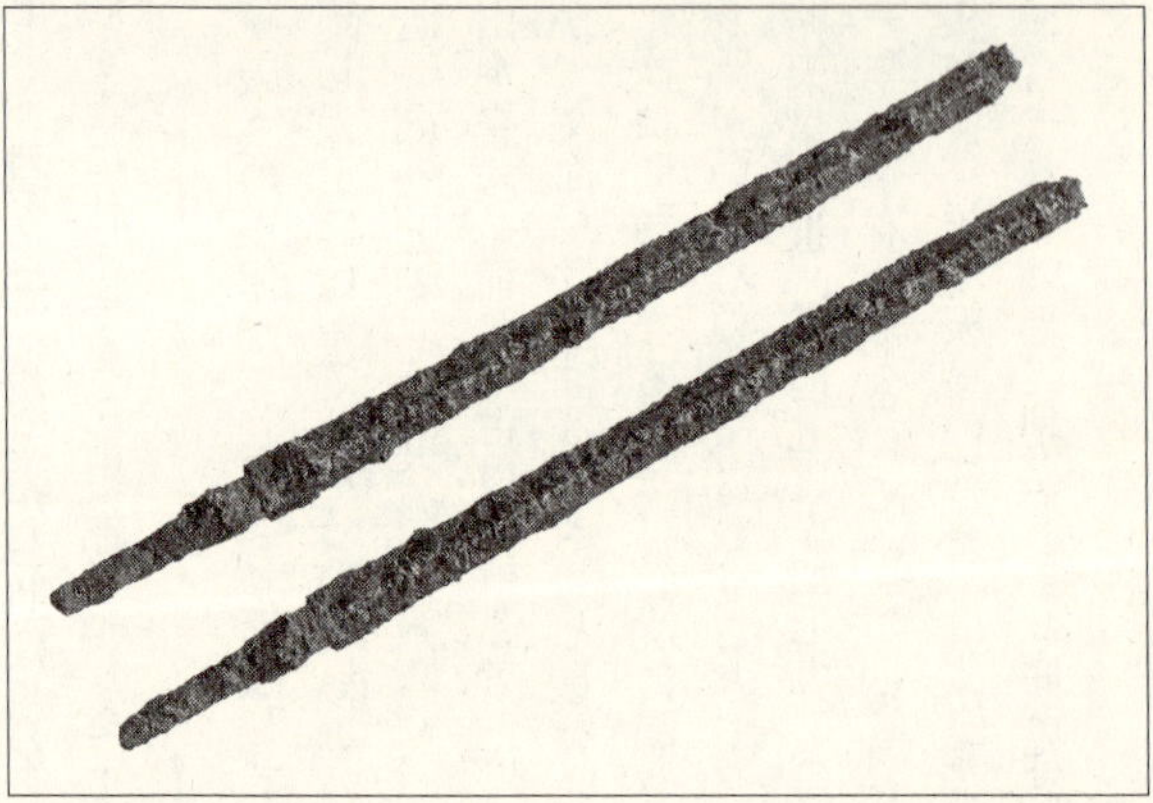

稲荷山古墳出土の金錯銘鉄剣（国保管。埼玉県立さきたま史跡の博物館提供）

ならば、杖刀人とは何だろう。

杖刀人は刀を杖つく人の意で、大王の親衛隊だ。乎獲居の祖《そ》の意富比垝は第十代崇神天皇の時代の四道将軍のひとり・大彦命《おおびこのみこと》と同一と目されている。

次の謎は「左治天下」の四文字だ。これは天下を治めていたと解釈できる。そうなると、朝堂《ちょうどう》を支配していた大豪族の意味になる。

もし稲荷山古墳に埋葬されている人物が乎獲居なら、「田舎豪族」が天下を治めていたということになり、あり得ないとする考えがある。そこで「左治天下」の意味を、「杖刀人の長として、親衛隊を差配していた」程度の意味として捉えればいいのではないか、という。

この謎、どう解けばよいのだろう。

関東と九州の豪族が雄略天皇のもとで活躍していた

稲荷山古墳の鉄剣銘が発見されるよりも早く、熊本県和水町《なごみまち》の江田船山《えたふなやま》古墳から、銘文が刻まれた大刀《たち》が出土していて、稲荷山古墳の鉄剣と兄弟のような関係にある。その中に、次のような銘文が残されていた。
「无利弖《むりて》なる人物が、典曹人《てんそうじん》として、獲加多支鹵大王《わかたけるのおおきみ》に奉事《ほうじ》していた」
というのである。

この一節からわかったのは、江田船山古墳と稲荷山古墳の鉄剣銘のどちらも、大王の名が獲加多支鹵だったことだ。したがって、九州と武蔵の五世紀の人物が、ヤマトに出向き、同じ大王（『日本書紀』にいうところの雄略天皇）に仕えていた可能性が高くなったのである。

それだけではない。江田船山古墳の大刀銘にある「典曹人」は何者かというと、「役所（曹《そう》）をつかさどる人（典《てん》）」で、文官《ぶんかん》は文官でも、かなり高い有力な人物を意味していた。「典曹人」が「文」の高官で、杖刀人が「武」の高官だ。だから、東と西の地方豪族が、偶然にも、対照的な位置に立っていたことになる。

つまり、雄略朝の「文と武」を支配していた二人の高官の剣が、熊本と埼玉の古墳に副葬されていたことになる。そして、ここからわかってくるのは、五世紀後半、すでにヤマト朝廷は東国を支配体制に組み入れていたということで、しかも雄略天皇が地方の力を活用していたということだ。

雄略天皇は異端の天皇で、クーデターで玉座を奪い取っている。『日本書紀』には、味方になったのはわずかな渡来系の役人だけだったと記録されている。ところが一方で雄略天皇は、改革事業を成し遂げた人物だった。味方がいないのに、どうやって辣腕《らつわん》をふるったかというと、地方豪族の力を借りたのだろう。

『宋書《そうしょ》』に残された雄略天皇（武王《ぶおう》）の上表文《じょうひょうぶん》は、次のように言っている。

「昔からわが先祖たちは、自《みずか》ら甲冑《かっちゅう》を着込み、山川を進み、休む間もなく、東は毛人《えみし》（蝦夷《えみし》）を征すること五十五国、西は衆夷《しゅうい》を服《ふく》すること六十六国、北の方角に海を渡り平らげた国は九十五国に及び、強大な国家を作り上げました」

誇張も含まれていようが、稲荷山古墳鉄剣銘の内容から考えても、五世紀後半の東国が、ヤマトの支配下に入っていたこと、しかも東国の人たちが、ヤマトの王の権威を称《たた》え、王のために働いていることを誇りに感じていたことが読み取れるのだ。

第九章 藤ノ木古墳——被葬者の謎と物部・蘇我抗争

王のあるべき姿を模索した時代

ヤマトの王は実権をともなわない祭司王《さいしおう》の地位に甘んじていたが、五世紀後半の第二十一代雄略《ゆうりゃく》天皇の出現によって、事情が変わってきたようだ。クーデターによって玉座《ぎょくざ》を獲得した雄略天皇は、新たな体制を敷いていき、強い王を目指した気配がある。

けれどもこののち、反動があって、王統は乱れてしまったようだ。『日本書紀』に従えば、第二十五代武烈《ぶれつ》天皇が暴君だったこと、子孫が絶えたというが、武烈天皇の行動があまりに突飛で破廉恥《はれんち》なため、『日本書紀』の記事をそのまま信じるわけにはいかない。けれども、応神《おうじん》天皇五世の孫・男大迹王《おおどのおおきみ》（継体《けいたい》天皇）をヤマトに連れてきて擁立《ようりつ》したという話は事実だろうから、ヤマト政権が混乱し、疲弊し、新たな体制を模索していたことはまちがいあるまい。

三王朝交替説が有力視されていたころ、継体天皇の出現は新王朝の誕生と考えられていた。しかし、継体天皇即位後も前方後円墳体制《ぜんぽうこうえんふんたいせい》が崩れなかったのだから、結論を急ぐ必要はない。継体天皇が畿内に連れて来られ、前王家の娘を正妃《せいひ》として迎え入れているため、本当は入り婿《むこ》だったのではないかとする説がある。まだこちらのほうが、説得力がある。

また、継体天皇が東国や日本海側の強い後押しを受けてヤマトに乗り込んだ事実は、注意を要する。継体天皇の背後には尾張《おわり》氏が付いていたが、のちに尾張氏は壬《じん》申《しん》の乱（六七二）で大活躍したにもかかわらず、『日本書紀』は記録していない。『日本書紀』は尾張氏に冷ややかなのではないか？

ここで言っておきたいことは次の一点だ。五世紀後半の雄略天皇から継体天皇にいたる時代は、「ヤマトの大王《おおきみ》はどうあるべきか」を模索する時代だったのではないかということだ。祭司王の地位から抜け出そうともがいた王家と、取り巻きたちの葛藤《かっとう》の時代だろう。だから雄略天皇崩御《ほうぎょ》ののち子の代で王統

藤ノ木古墳

は移動し、さらに武烈天皇の崩御ののち、越《こし》の王が立ったのである。

出されたひとつの答えが、

「大王に実権を与えるわけではないが、中央集権国家の構築は必要」

ではなかったか。流動化する東アジア情勢の中で、強い政府と、すばやい決断が求められていたのだ。だから「東の力」を借りるために、越の男大迹王をヤマトに招き、新たな体制を敷いて、屯倉《みやけ》制（屯倉は天皇の直轄領《ちょっかつりょう》）を強化して王家の相対的な力を高めるとともに、七世紀になると律令制度の導入を急いだのだろう。東の力を借りることで、既得権益《きとくけんえき》にあぐらをかいていた中央の豪族を牽制《けんせい》する狙いもあったろう。

ここまでわかってきたところで、話は六世紀後半から七世紀に移っていく。法隆寺《ほうりゅうじ》のすぐ近くの藤ノ木《ふじのき》古墳である。

謎めく二人の遺体

藤ノ木古墳は、法隆寺から西に約三百五十メートルの場所にある（奈良県生駒《いこま》郡

藤ノ木古墳（奈良県斑鳩町）

斑鳩町《いかるがちょう》）。直径四十八メートルの円墳《えんぷん》で、十三世紀ごろから、「ミササキ（御陵）」「ミササキヤマ（陵山）」と呼ばれていた。このため十八世紀初頭の文書には、「崇《す》峻《しゅん》天皇陵」とも記されていたのだ。江戸時代には墓の近くに「ミササキノ庵《いおり》」と呼ばれる寺があって、尼僧が住んで墓を守っていたようだ。被葬者《ひそうしゃ》の正体はわからぬが、高貴な人物が埋葬されていると、言い伝えられていたのだろう。

昭和六十年（一九八五）に発掘作業が始まり、昭和六十三年（一九八八）十二月には、開棺調査が終わった。

六世紀後半の造営で、横穴式石室《よこあなしきせきしつ》を備えていた。ヤマトや畿内の族長クラスの墓だ。ちょうど、前方後円墳がなくなろうとしていた過渡期で、西暦五五〇年から五七五年の間に造られたと考えられている。同時代の他の円墳と比べて、特別巨大というわけではない。

石室の全長は十三・九五メートル、玄室《げんしつ》の西側は六・〇四メートル、東側が五・六七メートル。玄室の幅は、奥で二・四三メートル、中央部で二・六七メートル、入口部で二・四二メートル、玄門部《げんもん》の幅一・五五メートル。玄室の袖は、西が〇・四一メートル、東が〇・四二メートル、羨道《せんどう》中央部の高さは二・三八メートルだ。大きいがトップレベルではない。ただ、奇跡的に盗掘《とうくつ》を免れていて、これが大きな意味をもっていた。発掘調査によって、豪奢《ごうしゃ》な副葬品《ふくそうひん》が出現したのである。

まず、石棺《せっかん》と東側の壁の隙間から大量の鉄鏃《てつぞく》が出土した。さらに、石室の奥の隙間から、馬具《ばぐ》や挂甲《けいこう》などが見つかっている。飾騎《かざりうま》につける金銅製《こんどうせい》の鞍《くら》、鐙《あぶみ》、杏葉《ぎょうよう》などの装飾品である。

鞍には六角形の亀甲繋《きっこうつな》ぎ文《もん》があしらわれ、それぞれの枠の中に、様々な動物や鬼《き》神《じん》などの浮彫《うきぼり》が施されていた。まるで見てきたかのような具象的な象が描かれたり、その意匠はエキゾチックで、西方（しかもかなり遠方。朝鮮半島でも観られない）

から伝わった文化と技術が折り込まれていると考えられる。

鞍の把手《とって》部分には鬼神が描かれていて、これは方相氏《ほうそう》に似ている。方相氏とは、中国で葬儀の先頭に立って邪鬼《じゃき》を払《はら》う神のことで、この鞍は、葬儀のために造られていたと思われる。

謎めくのは石棺の中だった。

まず、石棺を開ける前に、石棺内に水が溜まっていたことがわかっていた。原因についていろいろ取り沙汰《ざた》されたが、天井の石が一部剝《は》がれ落ちて、そこから雨漏りをしていたことがわかっている。石棺内の水から、銅イオンが高濃度検出《けんしゅつ》された。遺物が水に溶《と》けていると判断された。さらに、墳丘《ふんきゅう》上はかつて果樹畑だったが、そこで使用していた化学肥料が雨水とともに流れ込んでいたこともわかった。遺物の保全のためにも、石棺を開く必要があると判断されたのだ。

石棺の蓋《ふた》はもろくなっていたため、同じ形の物を作り、つり上げ実験をくり返し、石室に鉄骨を組むなど、気の遠くなるような作業の末、蓋は開いたのだ。

蓋を開けてみると、石棺には、大量の豪奢な遺物とともに、二体分の遺体（遺骨）が埋葬されていた。浮遊物を取り除き、水を抜き取り、遺物は丁寧《ていねい》に洗浄された。

北側の人が成人男性で、骨の鑑定から、二十歳前後とわかった。南側の人の骨は、両足首をのぞいて、残っていなかった。成人であることはまちがいないが、男女の区別がついていない。ただし、男ふたりの合葬《がっそう》例は知られておらず、「南側の人」の副葬品が女性用であるため、女性の可能性が高く、しかも両者の関係は母子ではないかと疑われている。また、「北側の人」の頭蓋骨《ずがいこつ》が、粉々に壊れ、破片も少なかった。すべてが残っていなかった。これも、謎を呼んだ。普通頭蓋骨は、丸ごとの形で出土する。

また、「南側の人」と比較すると、「北側の人」の残存状況がきわめてよかった。そのため「追葬されたのではないか」と疑われたが、南側から水が入っていたことから、同時に埋められたが先に腐ったのだろうという結論になった。

その「北側の人」の頭の近くに、画文帯神獣鏡《がもんたいしんじゅうきょう》などの銅鏡が三面、頭部に二千余個のオレンジ色のガラス小玉《こだま》、首、腰にかけて各種の装飾品が残されていた。そして、体の右側に豪奢な大刀《たち》（玉纒大刀《たまきのたち》）と剣が、足元には金銅製飾履《こんどうせいしょくり》一足と冠《かんむり》が副葬されていた。

「南の人」の頭部には銅鏡一面、ガラス玉千余個、頭の上に、筒形《つつがた》金銅製品が置か

藤ノ木古墳の石棺からみつかった冠。舟・鳥・剣菱形の立ち飾りがつく（国保管。橿原考古学研究所附属博物館提供）

復元された冠。金メッキが施されている（橿原考古学研究所附属博物館提供）

れていた。その他、腰まで装飾品があって体の左側に大刀、足元に金銅製飾履と折りたたまれた大帯《おおたらし》が置かれていた。

高貴な人が埋葬されていることははっきりとわかるが、問題は、同時代の他の墓がみな盗掘にあっているため、比較対象がないことだ。だから、被葬者の階級を特定することはできないのである。

藤ノ木古墳の被葬者はだれか

では、藤ノ木古墳の被葬者は、いったいだれだったのだろう。盗掘を免れていたことが、何かヒントになるのだろうか。だれもが近づきたくなかった恐ろしい墓だったのかもしれない。

候補者は、何人も名が挙がった。蘇我稲目《そがのいなめ》、物部尾輿《もののべのおこし》らだ。けれども骨の状況から、年齢的に無理とわかった。これに代わって、穴穂部皇子《あなほべのみこ》、物部系のだれか、蘇我稲目らの傍系、皇子クラスのだれか（しかも蘇我系）、崇仏《すうぶつ》派豪族、膳《かしわで》氏、平群《へぐり》氏、紀《き》氏、百済《くだら》王族、そして、崇峻天皇説などなど、この時代の高貴な人物ら

藤ノ木古墳の石棺内。金銅製の履などの副葬品が見える（橿原考古学研究所附属博物館提供）

復元された金銅製履（橿原考古学研究所附属博物館提供）

の名前が次々に取りあげられたのである。

森浩一《もりこういち》は『藤ノ木古墳とその文化』(森浩一・石野博信《いしのひろのぶ》編　山川出版社)の中で、「悲惨な最期を遂げた人のお墓」で、被葬者は皇族や大豪族といった「なみならぬ有力者」と推理した。

その根拠は、いくつかある。まず、法隆寺には夢殿《ゆめどの》と西円堂《さいえんどう》の二つの八角堂《はっかくどう》が存在するが、八角堂は死者の霊を慰める目的で作られること、法隆寺と藤ノ木古墳の間に「こもん」という地名が残っていて、ここに「門」があったと推察できる。また、その近くに「陵《みささぎ》」という地名が残されていて、藤ノ木古墳が大切に祀《まつ》られていて、被葬者の身分の高さをうかがい知ることができる。しかも、何かしらの悲劇の匂いを感じずにはいられないのだ。

藤ノ木古墳を天皇陵とみなす考えもある。

中世以降の文書には、いたる場面で藤ノ木古墳を「陵」と記されている。他の墓を「塚」と書くのに、なぜか藤ノ木古墳に限っては、「陵」と書く。石室の入口付近には「陵堂《みささぎのどう》(宝積寺《ほうじやくじ》)」があって、明治時代には、守戸《しゅこ》が置かれたと記録される。天皇や皇族の御陵を守る御陵番《ごりょうばん》だ。法隆寺の高田良信《たかだりょうしん》は、これらの証拠をあげた上で、藤ノ木古墳を崇峻天皇陵と推理する（『法隆寺建立の謎　聖徳太子と藤ノ木古墳』春秋社）。

ところで、平成元年（一九八九）十二月に金堂釈迦三尊像《こんどうしゃかさんぞんぞう》上壇台座の裏に、十二文字の墨書《ぼくしょ》と絵が見つかった。そこには、次のようにあった。

相見丂（兮）陵面　楽識心陵了時者

これを高田良信は、以下のように解き明かす。

［陵面に相見えよ、識心陵了を楽（願）う時は（陵墓に葬られている人の心が鎮まるよう願うのであれば、陵墓の前で死者と対面せよ）」（前掲書）

この十二文字は、聖徳太子の遺言で、「陵」とは、不幸な最期を遂げた崇峻天皇の「崇峻天皇御廟《ごびょう》（藤ノ木古墳）」をさしている、という。そして、創建法隆寺（若草伽藍《わかくさがらん》）の北側の柵の真西に藤ノ木古墳が位置していること、法隆寺創建も、崇峻天皇の霊を鎮めるために建立されたのではないかと推理したのだ。

崇峻天皇は蘇我馬子《そがのうまこ》に疎《うと》まれ、殺された悲劇の人物だ。そうなると、蘇我氏が祟《たた》りを恐れ、供養したということになりそうだ。

しかし、結論を急ぐべきではない。天皇陵にしては、規模が小さすぎるからだ。

物部氏と蘇我氏が対立していた本当の意味

ここで改めて、藤ノ木古墳の時代背景を知っておく必要がある。鍵を握っていたのはヤマト建国来実権を握っていたニギハヤヒの末裔《まつえい》の物部氏と、敵対していた蘇我氏だ。

広大な領地と民を専有した古代最大の豪族が、物部氏である。ところが、六世紀初頭に継体天皇が越から連れて来られると、蘇我氏が台頭し、主導権争いが勃発した。欽明《きんめい》天皇の時代には仏教公伝（五三八あるいは五五二）があって、蘇我氏が崇仏派、物部氏が排仏《はいぶつ》派となって、両勢力は対峙《たいじ》し、物部氏は仏教寺院を襲い、仏像を難波《なにわ》の堀江《ほりえ》に流したりしたのだった。そして用明《ようめい》二年（五八七）、蘇我馬子は朝廷の主だったものの加勢を得て、物部守屋《もののべのもりや》を打ち滅ぼしたのである。

まず、ここで注意すべき点は、物部氏と蘇我氏の対立が、単純な宗教戦争だったのではなく、むしろ外交問題と、皇位継承問題が密接にかかわっていただろうことである。

四世紀以降のヤマト政権は、朝鮮半島西南部の百済《くだら》と強く結びつき、南下してくる高句麗《こうくり》（騎馬民族国家）に対処するために、遠征軍を送り込んだ。この外交戦を主導していたのは、物部氏であろう。百済の役人の中に、倭人《わじん》の名が見受けられるが、彼らは物部系であった。一方継体天皇は、新羅《しらぎ》や伽耶《かや》とつながる越からヤマトに乗り込んだ。そして蘇我氏は、それまでの「百済のみを優遇する外交政策」の転換を図った気配がある。物部氏と蘇我氏の根深い対立の図式は、むしろここにあった。

そしてもうひとつ、両者を引き離す大きな要因があった。それは、蘇我氏が「大王（天皇）を中心とする強い国造り」を目論《もくろ》んでいたことだ。

「蘇我氏は天皇の座を狙っていたのではないのか」

と、首をかしげられるかもしれない。たしかに、『日本書紀』にはそう書かれている。しかし、『日本書紀』編纂《へんさん》時の権力者は藤原不比等《ふじわらのふひと》で、彼の父は蘇我入鹿《そがのいるか》を暗殺した中臣《なかとみ》（藤原）鎌足《かまたり》であり、『日本書紀』が中臣鎌足を礼讃する一方で、蘇我氏を悪《あ》し様《ざま》に書いたであろうことは、想像に難くない。『日本書紀』は歴史の勝者の一方的な主張であり、これを鵜《う》呑《の》みにすることはできない。しかも、第十章「藤原京《ふじわらきょう》」に記すように、蘇我入鹿滅亡後、多くの人たちは「蘇我氏の時代」を懐かしみ、「あの時代にもどりたい」と、口を揃えて唱えはじめていたのだ。蘇我氏は善政を敷き、それを潰《つぶ》しにかかったのが藤原氏で、彼らは『日本書紀』を編纂し、蘇我氏の手柄を横取りしたのだ（拙著『天皇家と古代史十大事件』ＰＨＰ文庫）。

蘇我氏が目指したのは、中央集権国家作りであり、隋《ずい》や唐《とう》に生まれた律令《りつりょう》制度の導入であった。明文法による国家統治であり、また豪族らが私有する土地と民を一度国家（天皇）のもとに集め、戸籍を作った上で、民に再分配するシステムだった。この場合、広大な領土と良民を抱えていた大豪族は、当然反発しただろう。その代表格が、物部氏だったのである。

これらの視点を理解すると物部VS.蘇我の、本当の対立の意味がわかってくる。

藤ノ木古墳の被葬者は崇峻天皇で崇峻天皇ではない

蘇我氏の悪事のひとつに、崇峻天皇暗殺がある。藤ノ木古墳の被葬者候補に挙げられたひとりだ。しかしこれは、本当に起きていた事件なのだろうか。というのも、崇峻天皇は母方が蘇我氏で、だからこそ蘇我氏が後押しをして立てたということになる。しかも、物部守屋滅亡の直後のことだから、蘇我氏は思い通りの人物を擁立できたはずなのだ。

ところが崇峻天皇と蘇我馬子は反《そ》りが合わず、崇峻五年（五九二）冬十月、崇峻天皇は献上された猪《いのしし》を指し示し、

「いつの日か、この猪の首を斬るように、私が忌みきらう男を斬ってみたいものだ」

と詔《みことのり》し、尋常ならざる軍備を整えていた。これを聞いた蘇我馬子は、自分が狙われていると震え上がり、身内を集め、暗殺計画を練っていった、と『日本書紀』は言う。

なぜ蘇我系の天皇と蘇我氏が仲違《なかたが》いをしたのだろう。

この時代、天皇家には大きく分けてふたつの流れがあった。蘇我稲目《そがのいなめ》の二人の娘が欽明天皇に嫁ぎ、産まれ落ちた子たちが、親蘇我派と反蘇我派にくっきりと分かれて争っていたのだ。堅塩媛《きたしひめ》の子は用明《ようめい》天皇や推古《すいこ》天皇で、明らかな親蘇我派。小《お》姉君《あねのきみ》の子らは穴穂部皇子と崇峻天皇で、どちらも蘇我馬子に滅ぼされている。これは、「蘇我内部のお家騒動」なのだろうか。

「小姉君」の「君」は「カバネ（姓）」で、物部系ではないかと推理したのは、黒《くろ》岩重吾《いわじゅうご》だ（『藤ノ木古墳と六世紀』黒岩重吾大和岩雄　大和書房）。物部系の歴史書『先代旧事本紀《せんだいくじほんぎ》』に、「物部公《もののべきみ》（君《きみ》）」という記述があって、蘇我稲目が物部尾輿《おおわいわお》の娘を娶《めと》って、小姉君が生まれていたのではないかというのだ。可能性はすこぶる高い。小姉君から生まれた男子は、みな蘇我氏と死闘を繰り広げている。そこで考えられるのは、小姉君が実際には物部出身の女性だった可能性で、この時代の真相をもみ消すために、『日本書紀』が双方を蘇我系にして蘇我氏の内紛に話をすり替えてしまった疑いがある。

いずれにしても、「堅塩媛系皇族」と「小姉君系皇族」は、「蘇我」VS.「物部」の対立そのものであり、蘇我馬子と崇峻天皇の滅亡は、この図式の中で説明がつく。

穴穂部皇子と蘇我馬子の葛藤も、そのままそっくり蘇我馬子と物部守屋の対立に重なって見える。時代も事件もそっくりなのだ。とすれば、『日本書紀』は、「蘇我と物部の争い」を「蘇我氏の崇峻天皇殺し」に話をすり替えてしまったのではないかと思えてくる。

そして、藤ノ木古墳の被葬者は、「崇峻天皇だが崇峻天皇ではない」が、答えではあるまいか。すなわち、蘇我VS.物部の争いの中で、蘇我氏に滅ぼされた物部系の有力者（それが皇族であるか豪族であるかは定かではないが）だったのではあるまいか。

物部氏と蘇我氏の本当の関係

蘇我氏が推進していた律令整備は、蘇我入鹿暗殺と蘇我本宗家《ほんそうけ》滅亡後、孝謙《こうけん》天皇の手で継承された（拙著『大化改新の謎』PHP文庫）。その後天武《てんむ》天皇（大海人皇子《おおあまのみこ》）が壬申《じんしん》の乱（六七二）を制して以降、事業は一気に進展し、大宝律令《たいほうりつりょう》（七〇一）

の完成によって、蘇我氏の念願は叶ったのだ。

ところで、律令整備で最大の難関は、すでに述べたように、豪族たちにどうやって土地を手放させるか、既得権益にしがみつく実力者たちから、いかに領民を引きはがすかであった。特に、最大の豪族・物部氏が首を縦に振らなければ、事業はそこで頓挫しただろう。逆に言えば、物部氏が協力すれば、他の豪族も渋々従った可能性がある。

『日本書紀』は物部守屋の滅亡に関して、蘇我馬子の妻が物部守屋の妹で、その「計略」を用いて物部守屋を滅ぼしたといい、また、皇極《こうぎょく》二年十月、蘇我氏全盛期の話で、蘇我入鹿の弟が「物部大臣《おおおみ》」と呼ばれていたこと、それは、祖母が物部守屋の妹で、祖母の財力によって出世したからだと記録する。

『四天王寺御手印縁起《してんのうじごしゆいんえんぎ》』にも、物部守屋の領地が四天王寺に納められたと記録される。四天王寺は蘇我系皇族・聖徳太子《しょうとくたいし》が建立した寺だ。『紀氏家牒《きしかちょう》』には、蘇我《そがの》蝦夷《えみし》の母は物部守屋の妹の太媛《ふとひめ》で、守屋滅亡後石上神宮《いそのかみじんぐう》（天理《てんり》市）の祭主となり、物部氏族は蘇我氏の僕《しもべ》になったといっている。

事実、この時蘇我氏が物部氏の領地を侵食していたことがわかっている。

しかし、不思議なことに、物部系の『先代旧事本紀』は、蘇我氏を糾弾《きゅうだん》していない。物部守屋滅亡事件にもまったく触れず、それどころか、物部守屋は「傍流《ぼうりゅう》」だったと主張している。さらに、蘇我入鹿が物部系だったことを、誇らしげに記述している。また、蘇我馬子に嫁いだ物部鎌姫大刀自連公《もののべのかまひめおおとじのむらじきみ》なる女性が、蘇我政権下で重用されたと記録している。これはいったいどうしたことだろう。「被害者側の証言」だけに、看過できない。

『元興寺《がんごうじ》伽藍縁起《がらんえんぎ》并《ならびに》流記資財帳《るきしざいちょう》』には、大々王《おおおおきみ》なる謎の女性が、物部氏に向かって「わが眷属《けんぞく》（一族）よ」と呼びかけ、蘇我氏との和解を呼びかけ、物部氏らはこの言葉に従ったとある。

『扶桑略記《ふそうりゃっき》』に、不思議な話が残される。法興寺《ほうこうじ》（飛鳥寺《あすかでら》。奈良県高市《たかいち》郡明日香《あすか》村）に刹柱《さっちゅう》を建てた日、蘇我馬子らは百済服《くだらふく》を着て参列した。すると人びとは喜んだという。法興寺は現在の飛鳥寺で、蘇我氏の氏寺だ。なぜ、「百済の服」を着ていたことが特記され、しかも、みな喜んだと言っているのだろう。それは、全方位型外交を目指していた蘇我氏が、親百済派の物部氏に歩み寄ったことを意味していたのではなかったか。もちろん、蘇我氏だけが妥協したのではなく、物部氏も、律令

現在の飛鳥寺（奈良県明日香村）

整備に協力することを約束したと考えられる。

時間はかかったが律令制度が整ったのは事実で、この間、どこかのタイミングで物部氏が土地を差し出さねば、事業は一歩も進まなかったはずだ。とすれば、蘇我蝦夷や入鹿の時代に、蘇我氏と物部氏は手を結んだと考えられる。もちろん『日本書紀』は、蘇我氏らに改革の手柄を奪われたくなかったから、これらの歴史を抹殺してしまったのだろう。

斑鳩《いかるが》は物部系の土地

法隆寺を創建したのは蘇我系の聖徳太子だ。だから、藤ノ木古墳も蘇我系の土地に造られたという印象がある。ところが、もともとこの一帯は物部系氏族の土地だった。

斑鳩周辺の「矢田《やた》」、「坂門《さかと》」、「夜摩《やま》」といった古い地名は、物部氏と関わりが深い。たとえば矢田は「矢田部《やたべ》」、坂門は「坂戸物部《さかどもののべ》」、夜摩は「山部《やまべ》」といった物部系の氏族に支配されていた。

斑鳩町には「新家《にいみ》」という地名があるが、「新家連《にいみのむらじ》」は物部系だ。大和川《やまとがわ》と明日香川《あすかがわ》、曽我川《そがかわ》が合流する一帯が安堵《あんど》町で、この付近を空海《くうかい》（弘法大師《こうぼうだいし》）とつながる物部系の「阿刀氏《あと》」が支配していた。

『日本書紀』や『先代旧事本紀』は、物部氏の祖の饒速日尊《にぎはやひのみこと》が天磐船《あまのいわふね》に乗ってヤマトに舞い下りたと記録する。矢田坐久志玉比古神社《やたにますくしたまひこ》（大和郡山市矢田町《やまとこおりやまやた》）には、饒速日尊が天磐船から三本の矢を放ちこの地に落ちたと伝える。大阪府と奈良県の境に近い磐船《いわふね》神社（大阪府交野《かたの》市）は、饒速日尊が乗ってきたという天磐船（磐座《いわくら》）を祀《まつ》る。ここから斑鳩に至る奈良盆地の西北側は、物部氏の勢力圏だったのである。

物部氏は河内《かわち》を拠点にして、瀬戸内海↓河内↓ヤマトを結ぶ流通の大動脈・大和川を支配したかったのだ。斑鳩はまさに、奈良盆地の河川が集まる要衝《ようしょう》だった。もちろん、物部系の土地だから、藤ノ木古墳に眠る二人も、物部氏と強くつながっていた人たちだろう。

そう考えると、藤ノ木古墳と法隆寺創建の間に、強い因果を感じずにはいられないのだ。蘇我氏と物部氏がいがみ合っていた時代に悲劇的な死をとげた物部系のだれかが、藤ノ木古墳に葬られた。そして、丁重に祀られ、だれも盗掘できなかったし、墓守《はかもり》も存在した時期もあったのだ。

そして、藤ノ木古墳を見守るかのように、蘇我系の法隆寺が鎮座する……。このふたつのモニュメントこそ、物部氏と蘇我氏の闘争と和解のシンボルなのではなかったか。つまり、律令制度の導入に反発した物部氏の一派は蘇我氏に激しく抵抗したが、物部氏の本流は蘇我氏の改革事業を後押ししていたのだろう。

もちろん、この間、犠牲者は出たろうし、その菩提《ぼだい》を弔《とむら》うために、藤ノ木古墳は造られたのではあるまいか。

第十章　藤原京——藤原氏の思惑と遷都の謎

藤原京造営をはじめたのは天武天皇

藤原京《ふじわらきょう》（奈良県橿原市《かしはら》）は、飛鳥《あすか》時代に築かれた日本初の永久都城《とじょう》だ。京域の中心・藤原宮《きゅう》は、はじめて大陸式建築を用いた宮で、基壇《きだん》の上に礎石《そせき》を敷き、屋根を瓦で葺《ふ》いた。

律令《りつりょう》整備のために、どうしても都城は必要だった。律令土地制度は、人口の把握と土地の区割りが絶対条件だった。各地の民の戸籍を作り、頭数に応じて農地を分配し、収穫の一部を取り立てるために、基礎となる区割り（条里《じょうり》）を造らねばならない。その「起点」となったのが、都城だった。すなわち、碁盤《ごばん》の目の「条坊《じょうぼう》」は徴税《ちょうぜい》のための「斗《ます》」のような役割も担った。だから、都城の出現は、画期的な事件だったのだ。

「藤原京」と聞くと、藤原氏の手がけた都という印象を持たれるかもしれない。この直後から藤原氏が勃興しているからなおさらだ。しかし、これはまちがいだ。藤原京造営を決断したのは「親蘇我《そが》派」の天武《てんむ》天皇（大海人皇子《おおあまのみこ》）で、造営工事もすでに天武朝で始まっていたようなのだが、『日本書紀』がこの事実を隠蔽《いんぺい》し、天武の手柄を「親藤原派」の持統《じとう》天皇と孫の文武《もんむ》天皇が横取りしてしまったようなのだ。

　ちなみに、天武天皇を親蘇我派と考えている史学者は少ない。そもそも、「蘇我氏は大悪人」で、「乙巳《いっし》の変（六四五）と壬申《じんしん》の乱（六七二）で衰退してしまった」

藤原宮跡

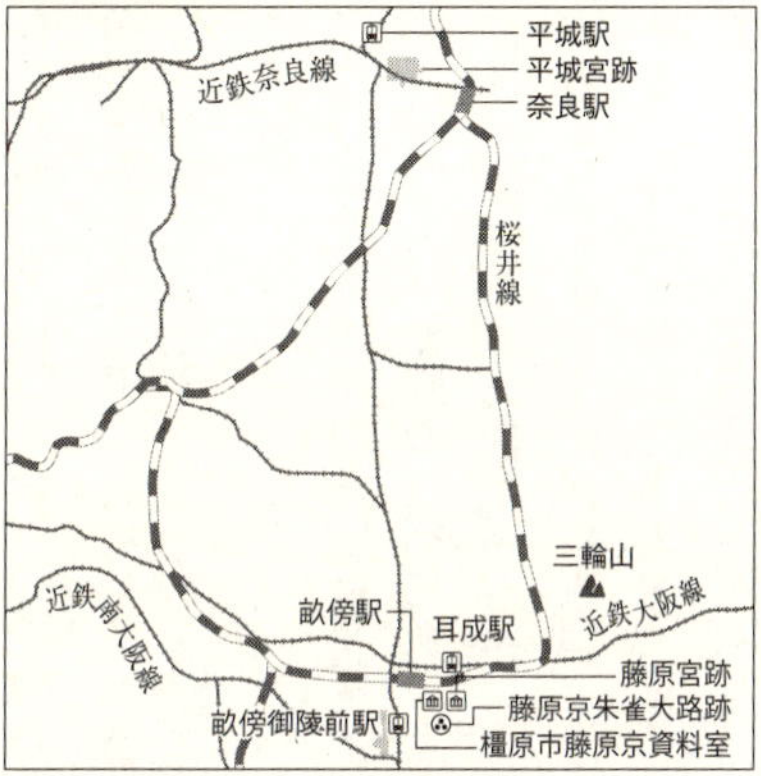

と信じられているから、天武天皇と蘇我氏の結びつきに、無関心なのだ。

　しかし、壬申の乱（六七二）で天武は蘇我氏の助けを得て生きのびている。

　天武の兄・天智《てんぢ》天皇は最晩年、天武をワナにはめようとしていたが、蘇我安麻呂《そがのやすまろ》が「用心してお話しください」と忠告した。天智の陰謀を予想し忠告したのだ。このあと、天智は病床にあって天武を招き入れ、禅譲《ぜんじょう》の意思を伝えたが、天武はきっぱりと断り、出《しゅっ》家《け》して吉野《よしの》に逃れている。近江《おうみ》朝の人たちは、臍《ほぞ》をかんで「虎に翼を着けて放ったようなものだ」と嘆いたという。天武の吉野入りを嘆いているのは、天武が天智の申し出を受諾すれば、「謀反《むほん》」の濡れ衣《ぎぬ》を着せて、殺すか捕縛《ほばく》するつもりだったからだろう。

ここで、蘇我安麻呂は天武最大の危機を救っていたのだ。『日本書紀』は、天武と蘇我安麻呂は昵懇《じっこん》の間柄にあったと記録する。

吉野に隠棲《いんせい》した天武だったが、天智崩御《ほうぎょ》ののち、天智の子の大友皇子《おおとものみこ》と雌雄を決することになる。天武は東国に逃れ、尾張《おわり》氏が真っ先に出迎え、軍資と行宮《あんぐう》を提供する。けれども『日本書紀』はこの事実をまったく記録していない。尾張氏は天武だけではなく、蘇我氏と強く結ばれた氏族だ。

さらに、双方の主力部隊の決戦で、大友皇子のさし向けた近江軍の副将・蘇我果安《はたやす》が裏切り、大将を殺して、近江軍は空中分解してしまった。ここでも、蘇我氏は天武を助け、天武即位の後押しをしていたことがわかる。

ついでだからいっておくと、中大兄皇子《なかのおおえのみこ》（天智）が中臣《なかとみの》（藤原）鎌足《かまたり》とともに蘇我入鹿を暗殺したのは（大化改新）、蘇我氏が大海人皇子（天武）の即位を願っていたからと考えると、すべての謎が解けてくる。

要人暗殺によって次第に力を蓄えた中大兄皇子は、親蘇我派の大海人皇子を抑え込み、即位できたのだ。その一方で、蘇我氏や尾張氏の協力がなければ政治を動かすことができないというジレンマに直面し、妥協案として、大海人皇子を皇太子に据《す》えざるを得なかったのだろう。その後天智天皇は子の大友皇子の即位を願うようになり、大海人皇子をワナにはめようとしたのだ。壬申の乱は、このような天智の悪あがきの結果起きたのだ。

藤原京の謎

「藤原京」には、大きな謎がいくつもある。まず、この都は、本当は名無しの権兵衛《ごんべえ》なのだ。『日本書紀』は京《みやこ》の中心部を「藤原宮」と記す。けれども、そうであるならば当然都城全体を「藤原京」と呼ぶべきなのに、『日本書紀』は、京師《みやこ》、京、新益京《あらましのみやこ》と記録するのみで、固有名詞を掲げていない。「藤原京」の名は明治時代になってから便宜上付けられたものだ。

『万葉集《まんようしゅう》』は、「藤原宮」を「藤井《ふじい》が原《はら》」と呼んでいる。だから本来は「藤井が原」であって、「藤原」ではない。「藤井が原」がつまって（短縮化されて）「藤原」になったと考えられている。いつ、「藤井が原」が「藤原」に化けたのだろう。

そしてもうひとつの謎は、すでに述べたように、『日本書紀』が藤原京の造営を新しく見せかけていることだ。『日本書紀』は天武五年（六七六）に藤原京造営は企画されていたと記録する。ところがその後の進捗《しんちょく》状況がはっきりとしない。そして持統八年（六九四）十二月に、持統天皇が移り住んだとあり、工事が始まったのは、その直前であったかのような印象を与えている。

このため、藤原京の本格的な造営工事は、持統朝に行われたと信じられていたのだ。たとえば天武天皇を称える万葉歌「大君《おほきみ》は神《かみ》にし坐《ま》せば赤駒《あかこま》の匍匐《はらば》ふ田井《たゐ》を都《みやこ》となしつ（巻十九―四二六〇）」に登場する「都」は、かつて飛鳥浄御原宮《あすかきよみはらのみや》を指していると考えられていたのである。

ところが考古学は、すでに天武天皇の時代に藤原京の造営が始まっていたことを突きとめている。たとえば、天武天皇崩御の直後に造られた大内陵《おおうちのみささぎ》と薬師寺《やくしじ》は、どちらも藤原京の条坊にぴたりと乗ってくることがわかっている。持統元年（六八七）に天武天皇を葬《ほうむ》る大内陵の築造をはじめているが、ここは藤原京の中軸線（朱《す》雀大路《ざくおおじ》）の延長線上に乗っている。藤原京造営計画は順調に進んでいた証拠だ。

天武と持統（鸕野讚良皇女《うののさららのひめみこ》）といえば、古代を代表する「おしどり夫婦」として知られている。『日本書紀』には、持統は最初から最後まで天武に寄り添っていたとある。また、持統が病に苦しんだ時、天武は病気平癒《へいゆ》を願い寺（薬師寺）を創建し、僧を出家させている。天武と皇太子の草壁皇子《くさかべのみこ》が亡くなると、持統は天武の遺志を継承するために即位した。そして持統は、天武と同じ陵に葬られた……。正史にこのように書かれているから、当然だれもが、天武と持統の仲を疑わなかったのだ。

しかし、『万葉集』は持統の天武を慕う歌を載せながら、天武の持統を想う歌を、ひとつも掲げていない。これは、『万葉集』編者の「暗示」にほかならない。天武は多くの女性と恋の歌をやりとりしていて、それを『万葉集』は取り上げている。ところが、持統天皇にまつわる歌は、一首もない。『万葉集』は、こういう「歴史解明のためのヒント」を、そこかしこに隠しているのだ。

持統天皇は草壁皇子が亡くなると、「天武の皇后」の地位を利用して即位してい

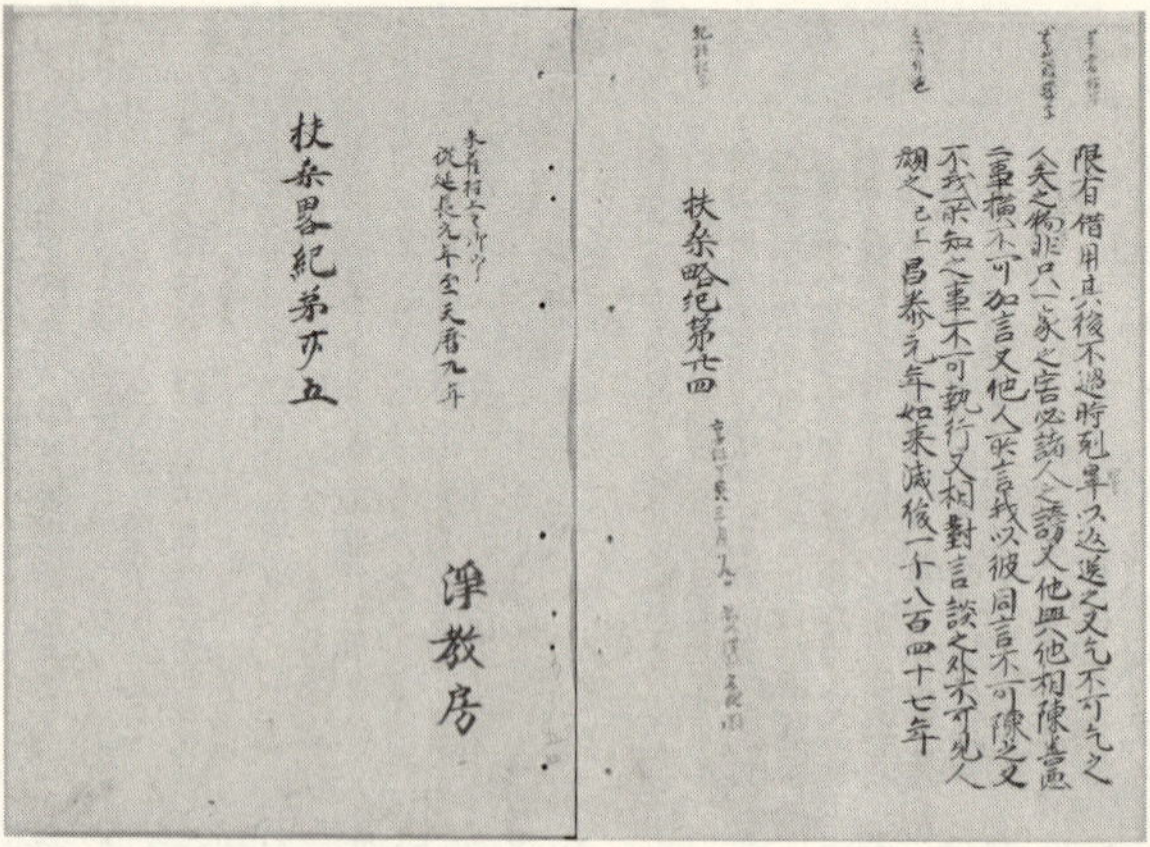

『扶桑略記』（国立国会図書館蔵）

る。問題はこのあと、壬申の乱ののち日の目をみなかった藤原不比等《ふひと》を、大抜擢し重用していることだ。『扶《ふ》桑《そう》略《りやっ》記《き》』は、持統の宮は藤原不比等の私邸だったといっている。普通なら、このようなことは起こりえない話で、それでも『扶桑略記』がまことしやかに記録していたのは、持統天皇と藤原不比等の関係が、「怪しかった」からだろう。

　持統天皇は天智天皇の娘で、藤原不比等は中臣（藤原）鎌足の子だから、これは、壬申の乱の直前の天智天皇と中臣鎌足のコンビの再来であり、天武天皇の遺志など継承していないことは明らかだ。

　さらに、このあと藤原不比等は実権を

握ると、『日本書紀』が編纂《へんさん》され、天智と中臣鎌足が古代史最大の英雄と持ち上げられる。一般に『日本書紀』は天武天皇の発案で、天武天皇にとって都合の良いように書かれたと信じられているが、これは大きなまちがいだ。『日本書紀』は天武天皇の政敵の手で書かれている。持統天皇の即位と藤原不比等大抜擢は、「静かなクーデター」といってもよい大事件だったのだ。だからこそ『日本書紀』は、藤原京造営を、天武ではなく持統天皇の手柄にしなければならなかったのである。

ちなみに、考古学は天武天皇が日本列島に巨大な道路のネットワークを構築していたことを明らかにした（『古代道路の謎』近江俊秀《おおみとしひで》　祥伝社新書）。ところが『日本書紀』は、これをまったく無視している。それはなぜかといえば、天武天皇の偉大な業績を抹消《まっしょう》したかったのだろう。

意外な形の藤原京

飛鳥浄御原宮から藤原宮に遷居したのは、持統八年（六九四）十二月。藤原京から平城京《へいじょうきょう》に遷都するのは和銅《わどう》三年（七一〇）三月で、十五年四ヶ月だけ使われた、はかない宮だった。

東西（条）と南北（坊）を貫く道路が、碁盤の目に走る（幅十メートルと六メートル）。これが条坊で、中心にメインストリートの朱雀大路が南北に走る。幅は二十五メートルだ。朱雀大路の東側が左京《さきょう》で、西側が右京《うきょう》だ。

藤原宮の場所が見つかったのは、昭和八年（一九三三）のことだ。橿原市高殿《たかどの》町《ちょう》（旧高市《たかいち》郡鴨公《かもきみ》村）の鴨公小学校校舎増築工事で礎石と古瓦層が見つかり、翌年本格的な調査が行われ、大極殿《だいごくでん》や朝堂《ちょうどう》の遺構が出土したのだ。その後、昭和四十一年（一九六六）に国道一六五号線のバイパス建設計画が持ち上がり、再調査が行われ、内裏《だいり》が見つかり、その後「藤原宮」から「藤原京」の発掘に範囲は広がり、今日に至っている。

藤原京は、平城京や平安京《へいあんきょう》などのちの都城とは、異なる形をしている。宮の位置が、京域の中央に置かれているのだ。これは、独自のものだ。普通宮城は一番北の中央に配置する。これは中国の都城に倣《なら》ったもので、天を支配するのは北極星（北辰《ほくしん》・天極星《てんきょくせい》）という道教《どうきょう》の天帝《てんてい》思想に基づき、天皇大帝《てんこうたいてい》（天子《てんし》）は南面すると

藤原京大極殿跡（橿原市）

いう原則がある。

なぜ藤原京の中《なか》の宮《みや》が中央に置かれたのだろう。中国の都城にまつわる知識がなかったからだと考えられてきた。長安《ちょうあん》の設計思想を、学んでいなかったというのだ。

しかし、別の説が有力視されるようになった。それは、漢代《かんだい》以降重視された儒教の古典『周礼《しゅらい》』に、次の記述があって、これを参照したのではないか、というのだ。

「一辺九里の正方形、側面には三つずつの門を開き」とあり、さらに細かい規定を述べたあと、「中央に天子の宮」「東に宗廟《そうびょう》」「西に土地の神を祀《まつ》る社稷《しゃしょく》」「南に朝廷《ちょうてい》」「北に市場」とあり、藤原京の場合、宮の北側に市場が設置されていたことが木簡の記述から判明していて、まさに『周礼』の記述通りだったことがわかったのである。

発掘当初、都城の常識的な形を想定していたから、藤原京の発掘は、藤原宮からみて南側に向かって進められた。だから藤原京は「狭い」と考えられていたのだ。ところが、北側まで京域がつづいていたことが次第にわかってきた。そして、藤原宮を中心に、南北に京域が広がっていることがわかり、のちの都城と遜色《そんしょく》ない規模を誇っていることがわかったのである。

天皇のおわします宮は、一辺約一キロメートルで、塀《へい》で囲まれている。内部には、天皇の住まわれる内裏、天皇が出御する大極殿、その南側に貴族や役人が政務を執る朝堂が東西に十二棟並んでいた。

遷都などしたくないと詔《みことのり》した元明《げんめい》女帝

藤原宮は大和三山《やまとさんざん》を強く意識していた。これは、道教の影響だ。中国から観て東海の方角に三つの山があり、仙人が住んでいる、と信じられていた。その三神山が、蓬莱《ほうらい》、瀛州《えいしゅう》、方丈《ほうじょう》で、これに大和三山を重ねていたのだろう。『万葉集』巻三—二五七も、天香具山《あまのかぐやま》を「天《あま》の芳来山《かぐやま》（蓬莱山《ほうらいさん》）」と呼んでいる。

宮はちょうど、二等辺三角形を織りなす大和三山の垂心《すいしん》にあたっていた（『実在した幻の三角形』大谷幸市《おおたにこういち》　大和書房）。

藤原宮が大和三山を意識していたことは『万葉集』巻一—五二の歌（藤原宮の御井《みい》の歌）からもうかがい知ることができる。「荒栲《あらたへ》の　藤井が原に　大御門《おほみかど》　始め給ひて（藤井が原に皇居を初めてお造りになり）」といい、このあと大和三山と吉野山《よしのやま》の四つで、東西南北を霊山に囲まれていると称えている。これは、道教の発想と考えられていて、道教はかなり古い時代に日本に伝わっている。

『日本書紀』成務《せいむ》五年秋九月の条には、次のような記事がある。

第十三代成務天皇（景行《けいこう》天皇の子）は、諸国に命じて、国や郡《こおり》、県《あがた》や邑《むら》それぞれに長《おさ》（首長）を置いた。その印に楯《たて》と矛《ほこ》を下賜《かし》し、国や県の境を定め、道を東西南北に敷き邑を定めた。東西を「日縦《ひのたたし》」となし、南北を「日横《ひのよこし》」とした。これで人びとは安らかに暮らし、天下は太平であった、とある。これも、道教的発想にもとづく記述である。

道教には不老長寿の発想があり、先の『万葉集』には、「日《ひ》の御蔭《みかげ》の　水こそば　常《とこしへ》にあらめ　御井《みゐ》の清水《ましみづ》」とある。藤原宮の御井の清水は、永遠に湧き出てほしいと願っている。

ところが、「永遠であれ」と願った藤原京が、なぜか短命に終わってしまったのだ。和銅三年（七一〇）に、都は北側の平城京に移されてしまう。なぜ、藤原京は短命だったのだろう。

藤原京は律令制度のために計画されたが、飛鳥の古い都の伝統を踏襲し、未成熟で実験的な都だったという指摘がある（木下正史《きのしたまさし》ほか『現代の考古学7　国家形成の考古学』朝倉書店）。

しかし、もう少し別の視点も必要だ。大宝《たいほう》元年（七〇一）に藤原宮は大改造を行っている。未完成だからというだけでは、わざわざ平城京に遷《うつ》る積極的な理由にはならないのではなかろうか。

慶雲《けいうん》四年（七〇七）に遷都が議題に上り、和銅元年（七〇八）に、元明天皇が遷都の詔を発している。その内容が、興味深い。

新しい都を造ることは大変で、必ずしも本意ではないのだが、王公大臣が勧めるために、深く感じ入り、この「衆議《しゅうぎ》」に従おうと思う、というのである。そして、「京師《みやこ》（都）は百官《ひやっかん》の府であり、四海《しかい》（天下《あめのした》）の帰する所（多くの人びとのためにある）」といい、また、その昔、中国の皇帝も、何回も遷都をくり返したではないか、といい、だから遷都を実行するという。

元明天皇（女帝）は持統天皇の妹だが、姉のように権力に執着した人物ではない。のちに娘に皇位を譲る時、「政務に心を砕いてきたが、体はぼろぼろで、わずらわしさから逃れ、俗世のことは忘れたい」「履き物を脱ぎ捨てるように、皇位を譲りたい」といい、「ああ、せいせいした」という感じで禅譲している。

だからこの女帝の「本当は遷都などしたくない」と採れる発言、妙に気になる。

藤原京の時代にもどりたいと呟《つぶや》く人びと

これは不思議なことなのだが、平城京遷都ののち、なぜか人びとは「古き良き時代」を懐かしみ、「飛鳥や藤原京の時代にもどりたい」と呟きはじめるのである。

たとえば、「歌聖《かせい》」と称えられた山部赤人《やまべのあかひと》は『万葉集』巻三―三二四と三二五で、

「旧都飛鳥が恋しくて仕方がない」と歌っている。題詞は「神岳《かむをか》に登りて、山部宿禰《すくね》赤人の作る歌一首　幷《ならびに》短歌」で、飛鳥の雷丘《いかづちのおか》に登って作った歌だと言い、歌の内容は、次のようになる。

明日香の旧都は山が高く川は雄大に流れ、春の日は山が美しく、秋の夜は川の音がさやかで、朝雲に鶴は乱れ舞い、夕霧《ゆうぎり》に河蝦《がわづ》（カジカ）は騒ぎ、その様を見るにつけ、過ぎ去った昔が思い出され、涙が止まらない

これに、反歌《はんか》がつづく。

明日香河川淀《あすかがはよど》さらず立《た》つ霧《きり》の思ひ過ぐべき恋にあらなくに

明日香川の川淀に立っている霧が消えて行くような、そんな淡い思慕の念とは違うのだ、「淡い恋など、比較にならない」と、訴えている。しかも、「飛鳥はすばらしい」ではなく、「古思《いにしへおも》へば」と、「昔の飛鳥が懐かしい」と嘆いているのだ。

『万葉集』巻一―七八は、和銅三年（七一〇）春二月、藤原宮から寧楽宮《ならのみや》（平城京）に都を遷す時に太上《だいじょう》天皇（元明天皇か？）が長屋《ながや》の原《はら》（奈良県天理《てんり》市）でわざわざ御輿《みこし》をとどめて古京を望んで作った歌だ。

飛鳥《とぶとり》の明日香の里を置きて去《い》なば君があたりは見えずかもあらむ

寧楽宮に行ってしまったら、懐かしい君の住む辺りは、見えなくなってしまうのだろうなあ、と嘆いている。やはり、遷都を嫌っている様子がわかる。

平城京遷都後、人びとは飛鳥を懐かしんでいる。『万葉集』巻六―九九二に大伴《おおともの》坂上郎女《さかのうえのいらつめ》の「元興寺《がんごうじ》の里を詠ふ歌一首」がある。

故郷《ふるさと》の飛鳥《あすか》はあれどあをによし平城《なら》の明日香《あすか》を見らくし好《よ》しも

故郷の飛鳥もよいが、「平城の明日香」もよいものだ、といっている。「平城の明日香」とは、元興寺《がんごうじ》一帯（奈良市）を指していて、元興寺はもともと飛鳥に建っていた法興寺《ほうこうじ》（飛鳥寺《あすかでら》）で、平城京遷都とともに、新都に遷るよう命じられ、頑強に抵抗した寺だ。

なぜ人びとは、飛鳥や藤原京の時代を懐かしんだのだろう。それは、「蘇我氏全盛期」であり、『日本書紀』の記事を信じれば、暗黒の時代だったのではなかったか。その蘇我氏の時代にもどりたいと、みな口を揃《そろ》えるのはなぜだろう……。

藤原京を捨てたのは藤原不比等

ところで、平成二十七年（二〇一五）十月九日、奈良文化財研究所は発掘中の藤原宮跡大極殿跡で、階段遺構が発見されたと発表した。「想定外の大発見」だという。

階段の石組みが出てきたわけではない。宮殿の長方形の敷地正面外側に、階段の跡と思われる出っ張り部分の痕跡《こんせき》が検出《けんしゅつ》された。大極殿は、天皇が政治を執り行う場所で、いわば国家の心臓部にあたっていること、その復元の手がかりがつかめたのである。

また、平城京（奈良市）の大極殿の建物が、藤原宮から移築されたのではないかと考えられていたが、それを実証する材料にもなった。平城京遷都で、大極殿はなくなってしまったことが、はっきりとした。

ところで、平城京遷都に際し、シンボルのない旧都に、置き去りにされた大物政治家がいる。それが、石上《いそのかみの》（物部《もののべ》）麻呂《まろ》だ。当時石上麻呂は左大臣《さだいじん》（現代風に言えば総理大臣）で、ナンバー1の地位にいた。ところが旧都の留守役にされてしまったのだ。おそらくナンバー2の右大臣・藤原不比等の陰謀であろう。

平城京への遷都を主導したのは、藤原不比等だ。そう思う理由は、いくつもある。有名な志貴皇子《しきのみこ》の歌に「采女《うねめ》の袖吹きかへす明日香風《あすかかぜ》都を遠《とほ》みいたづらに吹く」がある。

村井康彦《むらいやすひこ》は、飛鳥からすぐ間近の藤原京に移っただけで、これほど嘆いているのだから、平城京遷都はなぜ行われたのかと疑念を抱き、その上で首唱者は藤原不比等であろうと推理している。平城京遷都の意味を「貴族官人社会の編成であり、それによる律令体制の形成」だと言っている（『律令制の虚実』講談社学術文庫）。

なるほど、藤原不比等は律令制度を完成させた偉大な人物だ。平城京遷都にも、社会体制の構築を目的としていたという側面もあるだろう。しかし、それは表面上の話なのだ。藤原不比等は、「社会のため、人びとのために律令を整えた」わけではない。

壬申の乱（六七二）ですべてを失った藤原不比等は、持統朝で律令を整備する役人に抜擢され、急速に発言力を増していく。成り上がり（父・中臣鎌足は百済王家出身だろう〈『ヤマト王権と十大豪族の正体』ＰＨＰ文庫〉）ゆえに、いかにのし上がるかを考え、律令整備を絶好のチャンスと考えたのだろう。物部氏が腹を括って土地と民をさしだしたように、かつての大豪族たちは、丸裸になったのだ。ここで律令を支配できれば、法によって人びとを組伏すことができる……。蘇我氏がはじめた改革事業を藤原不比等が継承したのも、このためだ。目指すは藤原一党独裁であり、そのために藤原京を捨てたのだ。

平城京は藤原氏のための都

藤原不比等は天皇を利用し、のし上がってきた。そしてその仕上げに、遷都を考えついたのだろう。そう思える最大の理由は、平城京の形状にある。普通都城は左右対象に造られる。ところが平城京の場合、北東の部分に出っ張りがある。これが外京《げきょう》で、現在の奈良市の繁華街がすっぽり収まる。なぜこの地が今でも栄えているかといえば、高台の一等地だからだ。天皇のおわします平城宮を見下ろすこの地を手に入れたのは藤原氏で、だから、春日大社《かすがたいしゃ》と興福寺《こうふくじ》が建てられた。蘇我氏の元興寺は、この高台の南側の低い土地をあてがわれていたが、これは新旧交代の事実を思い知らせるためのカラクリでもあった。天皇も朝日を拝む時、藤原の聖地に向かって手を合わせることになっていくのだ。政権の本当の主が藤原氏であることを、明示するための壮大な装置が平城京だった。

「他者との共存を望まない藤原氏」の時代を、多くの者が呪《のろ》い、「古き良き時代にもどりたい」と願い、歌を歌うようになっていったのである。

ここに、「なぜ藤原京は短命だったのか」という謎に対する答えがある。成り上がり者の藤原氏にすれば、旧体制側の地盤が近い盆地南部から、一刻も早く離れたいという気持ちが強かっただろう。「物理的」に優位に立てるのと、藤原不比等らが権力者の地位に就くまでの間に多くの血が流され、しかも、卑劣《ひれつ》で容赦《ようしゃ》ない手口

平城京の大極殿跡（奈良市）

が用いられた。多くの罪なき人びとが殺され、藤原氏は恨《うら》まれていたのだ。飛鳥と藤原京は藤原氏にとって、怨霊《おんりょう》と魑魅《ちみ》魍魎《もうりょう》が跋扈《ばっこ》する恐怖の都になっていったのだろう。

例の元明天皇の詔も、藤原不比等が台頭し、天皇や女帝を私物化して利用する様子をみて、辟易《へきえき》していたのだろう。遷都に関して、「なんでいま遷都なのか」「私はイヤだが、みながやるというのなら」という、消極的な発言をしていたその根底には、「藤原の言いなりになるのは、もうたくさんだ」という気持ちが込められているように思えてならない。

つまり、藤原京から平城京への遷都は、

「藤原不比等のエゴ」だったのではないかと思えてくるのだ。

平城京からは、多くの木簡《もっかん》が見つかり、これまでわからなかった政権の「裏事情」まで見えてきた。特に、貴族の集う宮の中では妬《ねた》みや憎しみの連鎖が渦巻き、呪いあっていた様子もわかってきた。とても外見から想像するような雅《みやび》な世界ではなかったのである。

「だれがこんな世の中にしたのだ」

と、多くの人たちは、辟易していたにちがいない。

おわりに

考古学の発掘は、地道な作業だ。毎日毎日汗水垂らして、泥まみれになる。それでいて、大発見につながることは、滅多にない。報われることの少ない作業だが、それでも、発掘に携わる人は、熱心に土を掘り返す。出土した膨大な数の遺物を分類し、整理し、復元する作業も、根気がいる。その様子を見るにつけ、頭の下がる思いがする。その一方で、新たな発見があってマスメディアで報道されれば、現地説明会に行列ができる。特に関西の遺跡では、早朝から信じられないほどの長蛇の列ができあがる。最寄り駅から遺跡まで、行列がつながることも、あるようだ。それほど考古学に関心が高まっているのだ。ありがたいことではないか。考古学者や発掘作業員の晴れ舞台である。

それにしても、なぜ説明会が始まる何時間も前に、多くの人が押し寄せるのだろう。じつを言うと、先頭グループに入った人たちには、密かな楽しみがあるらしい。それは、説明会でもらった資料を手に駅に向かいながら、行列に並んでいる人たちに見せびらかすのが、快感なんだそうだ。なるほど、そういうことなのか……。全員が全員、そう考えているわけではなかろうが……。

ま、いろいろな楽しみ方があるということだ。ほほえましいことではないか。第一、考古学は、確かにわくわくする。「太古の人間がそこを歩いていた」と考えるだけで、ロマンがかき立てられる。これも、考古学の醍醐味だ。だから一度、遺跡や博物館に、足を運んでほしい。東京、奈良、京都、福岡の国立博物館の「常設展」は、特にお薦めだ。そして、県立博物館の古代史コーナーも、ぜひ。

なお、今回の執筆にあたって、ＰＨＰ研究所の前原真由美氏、三猿舎の安田清人氏、歴史作家の梅澤恵美子氏に御尽力いただきました。改めてお礼申し上げます。

合掌

関　裕二

参考文献

『古事記祝詞』日本古典文学大系（岩波書店）
『日本書紀』日本古典文学大系（岩波書店）
『風土記』日本古典文学大系（岩波書店）
『萬葉集』日本古典文学大系（岩波書店）
『続日本紀』新日本古典文学大系（岩波書店）
『魏志倭人伝・後漢書倭伝・宋書倭国伝・隋書倭国伝』石原道博編訳（岩波書店）
『旧唐書倭国日本伝・宋史日本伝・元史日本伝』石原道博編訳（岩波書店）
『三国史記倭人伝』佐伯有清編訳（岩波書店）
『先代舊事本紀　訓註』大野七三（新人物往来社）
『日本の神々』谷川健一編（白水社）
『神道大系　神社編』（神道大系編纂会）
『古語拾遺』斎部広成撰　西宮一民校注（岩波文庫）
『藤氏家伝　注釈と研究』沖森卓也　佐藤信　矢嶋泉（吉川弘文館）
『日本書紀　一　二　三』新編日本古典文学全集（小学館）
『古事記』新編日本古典文学全集（小学館）
『農業は人類の原罪である　進化論の現在』コリン・タッジ　竹内久美子訳（新潮社）
『日本の遺跡48　三内丸山遺跡』岡田康博（同成社）
『青森縄文王国』新潮社編（新潮社）

『縄文文化を掘る』ＮＨＫ三内丸山プロジェクト・岡田康博編（ＮＨＫライブラリー）
『縄文再発見』藤田富士夫（大巧社）
『日本の歴史一　列島創世記　旧石器・縄文・弥生・古墳時代』松木武彦（小学館）
『縄文都市を掘る』岡田康博　ＮＨＫ青森放送局（ＮＨＫ出版）
『縄文鼎談　三内丸山の世界』岡田康博　小山修三編（山川出版社）
『図解　考古学辞典』水野清一　小林行雄編（東京創元社）
『〈新〉弥生時代』藤尾慎一郎（吉川弘文館）
『最古の農村　板付遺跡』山崎純男（新泉社）
『縄文語の発見』小泉保（青土社）
『稲作渡来民』池橋宏（講談社選書メチエ）
『弥生文化の成立』金関恕　大阪府立弥生文化博物館編（角川選書）
『歴博フォーラム　弥生時代はどう変わるか』広瀬和雄編（学生社）
『日本人の起源』中橋孝博（講談社選書メチエ）
『日本人になった祖先たち』篠田謙一（ＮＨＫブックス）
『古代の日本と渡来の文化』勝部昭ほか（学生社）
『日本の遺跡44　荒神谷遺跡』足立克己（同成社）
『大和・纒向遺跡』石野博信編（学生社）
『日本の遺跡45　唐古・鍵遺跡』藤田三郎（同成社）
『弥生の巨大遺跡と生活文化』田原本町教育委員会編（雄山閣）
『唐古・鍵遺跡の考古学』田原本町教育委員会編（学生社）
『古代国家はこうして生まれた』都出比呂志編（角川書店）

『神社と古代王権祭祀』大和岩雄（白水社）
『吉備国 桃ものがたり断章』村上進通（一般財団法人 岡山農山村地域研究所）
『シリーズ「遺跡を学ぶ」34 吉備の弥生大首長墓 楯築弥生墳丘墓』福本明（新泉社）
『「前方後方墳」出現社会の研究』植田文雄（学生社）
『神々の体系』上山春平（中公新書）
『日本書紀研究 第一冊』三品彰英編（塙書房）
『日本古代王朝史論序説』水野祐（早稲田大学出版部）
『日本の歴史02 王権誕生』寺沢薫（講談社）
『巨大古墳の世紀』森浩一（岩波書店）
『相沢忠洋 「岩宿」の発見 幻の旧石器を求めて』相沢忠洋（日本図書センター）
『日本の古代遺跡を掘る5 藤ノ木古墳』前園実知雄 白石太一郎著 大塚初重監修（読売新聞社）
『藤ノ木古墳とその文化』森浩一 石野博信編（山川出版社）
『法隆寺建立の謎 聖徳太子と藤ノ木古墳』高田良信（春秋社）
『藤ノ木古墳と六世紀』黒岩重吾 大和岩雄（大和書房）
『実在した幻の三角形』大谷幸市 卑弥呼の金印発掘研究会編（大和書房）
『飛鳥古京・藤原京・平城京の謎』寺沢龍（草思社）
『古代道路の謎』近江俊秀（祥伝社新書）
『現代の考古学7 国家形成の考古学』木下正史ほか（朝倉書店）
『律令制の虚実』村井康彦（講談社学術文庫）

本書は書き下ろし作品です。

著者紹介

関　裕二（せき・ゆうじ）

1959年、千葉県柏市生まれ。歴史作家。仏教美術に魅せられて足しげく奈良に通い、古代史研究の道に進む。文献史学・考古学・民俗学など、学問の枠にとらわれない広い視野から日本古代史、そして日本史全般にわたる研究・執筆活動に取り組む。
主な著書は『呪う天皇の暗号』『蘇我氏の正体』（以上、新潮文庫）、『古代史の秘密を握る人たち』『「出雲抹殺」の謎』『おとぎ話に隠された古代史の謎』『ヤマト王権と十大豪族の正体』『ヤマト王権と古代史十大事件』『天皇家と古代史十大事件』『神武東征とヤマト建国の謎』（以上、PHP文庫）など。

ＰＨＰ文庫　検証！ 古代史「十大遺跡」の謎
三内丸山、荒神谷、纒向、平城京……

2016年5月11日　第1版第1刷

著　者	関　裕　二
発行者	小　林　成　彦
発行所	株式会社ＰＨＰ研究所
東京本部	〒135-8137 江東区豊洲5-6-52
	文庫出版部　☎03-3520-9617（編集）
	普及一部　☎03-3520-9630（販売）
京都本部	〒601-8411 京都市南区西九条北ノ内町11
PHP INTERFACE	http://www.php.co.jp/
組　版	有限会社エヴリ・シンク
印刷所 製本所	図書印刷株式会社

 ISBN978-4-569-76567-9